de School - σχολείο	2
de Törn - ταξίδι	5
de Transport - μεταφορά	8
de Stadt - πόλη	10
de Landschop - τοπίο	14
dat Spieslokal - εστιατόριο	17
de Supermarkt - σούπερ μάρκετ	20
de Drünk - ποτά	22
dat Eten - φαγητό	23
de Buernhoff - αγρόκτημα	27
dat Huus - σπίτι	31
de Wahnstuuv - σαλόνι	33
de Köök - κουζίνα	35
de Baadstuuv - μπάνιο	38
de Kinnerstuuv - παιδικό δωμάτιο	42
dat Tüüch - ρούχα	44
dat Büro - γραφείο	49
de Weertschop - οικονομία	51
de Profeschonen - επαγγέλματα	53
dat Warktüüch - εργαλεία	56
de Musikinstrumenten - μουσικά όργανα	57
de Deertenpark - ζωολογικός κήπος	59
de Sport - αθλήματα	62
de Aktivitäten - δραστηριότητες	63
de Familje - οικογένεια	67
de Lief - σώμα	68
dat Krankenhuus - νοσοκομείο	72
de Nootfall - έκτακτη ανάγκη	76
de Eerd - Γη	77
de Klock - ρολόι	79
de Week - εβδομάδα	80
dat Johr - έτος	81
de Formen - σχήματα	83
de Farven - χρώματα	84
de Gegendelen - αντίθετα	85
de Tallen - αριθμοί	88
de Spraken - γλώσσες	90
wokeen / wat / wo - ποιος / τι / πως	91
wo - που	92

Impressum
Verlag: BABADADA GmbH, Nedderfeld 112 , 22529 Hamburg
Geschäftsführer / Verlagsleitung: Harald Hof
Druck: Books on Demand GmbH, In de Tarpen 42, 22848 Norderstedt

Imprint
Publisher: BABADADA GmbH, Nedderfeld 112 , 22529 Hamburg, Germany
Managing Director / Publishing direction: Harald Hof
Print: Books on Demand GmbH, In de Tarpen 42, 22848 Norderstedt

de School

σχολείο

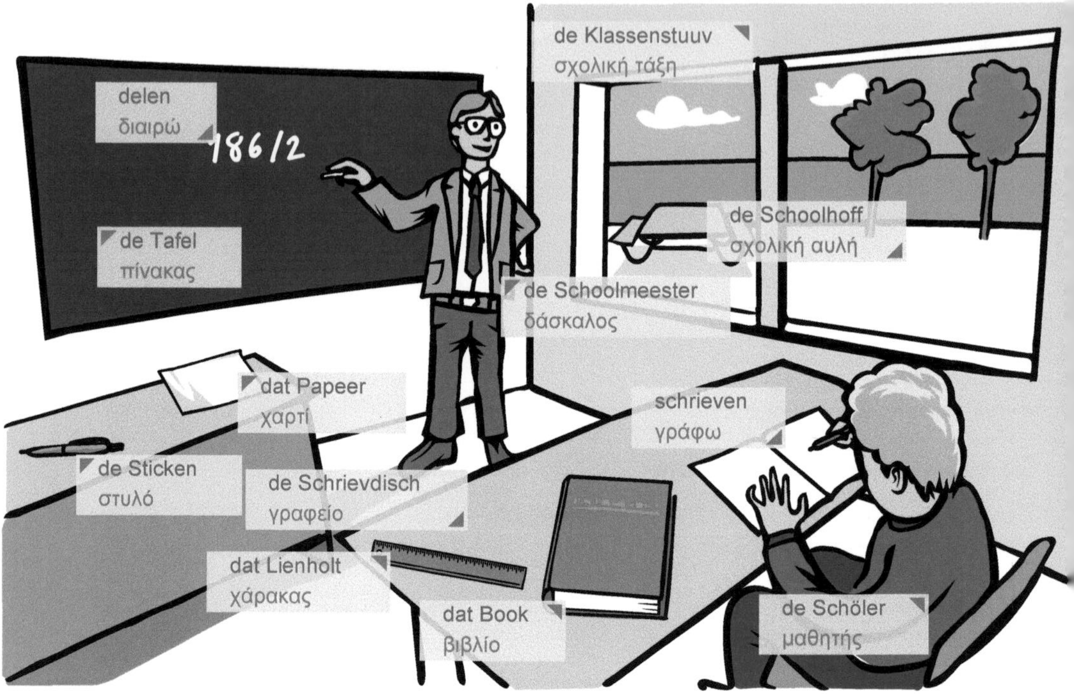
de Klassenstuuv
σχολική τάξη
delen
διαιρώ
186/2
de Tafel
πίνακας
de Schoolhoff
σχολική αυλή
de Schoolmeester
δάσκαλος
dat Papeer
χαρτί
schrieven
γράφω
de Sticken
στυλό
de Schrievdisch
γραφείο
dat Lienholt
χάρακας
dat Book
βιβλίο
de Schöler
μαθητής

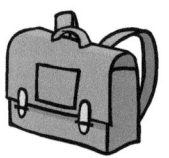

de Ranzel

σχολική τσάντα

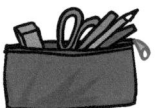

de Feddermapp

κασετίνα/ μολυβοθήκη

de Bleesticken

μολύβι

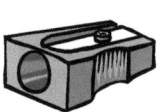

de Scharpmaker

ξύστρα

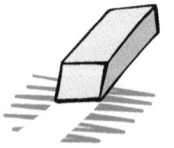

dat Radeergummi

γόμα

de Tekenblock

μπλοκ ζωγραφικής

de Teken

ζωγραφική

de Pinsel

πινέλο

de Malkassen

κουτί χρωμάτων

de Scheer

ψαλίδι

de Klever

κόλλα

dat Heft to'n Öven

τετράδιο ασκήσεων

de Huusopgaav

εργασία για το σπίτι

de Tall

αριθμός

2+2

tohooptellen

προσθέτω

5-2

aftrecken

αφαιρώ

malnehmen

πολλαπλασιάζω

reken

υπολογίζω

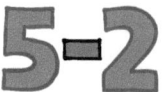

de Bookstaav

γράμμα

dat ABC

αλφάβητο

dat Woort

λέξη

de Text

κείμενο

lesen

διαβάζω

de Kried

κιμωλία

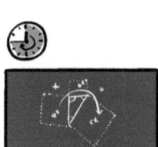

de Stunn

μάθημα

dat Klassenbook

εγγράφομαι

de Pröven

τεστ

dat Tüügnis

πιστοποιητικό

de Schooluniform

μαθητική στολή

de Utbillen

εκπαίδευση

dat Nakieksel

εγκυκλοπαίδεια

de Universität

πανεπιστήμιο

dat Mikroskop

μικροσκόπιο

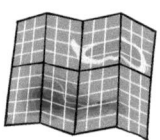

de Koort

χάρτης

de Papeerkorf

καλάθι αχρήστων

de Törn
ταξίδι

dat Hotel
ξενοδοχείο
Grand
de Harbarg
ξενώνας
ROOMS
de Wesselstuuv
ανταλλακτήρια συναλλάγματος
de Kuffer
βαλίτσα
dat Auto
αυτοκίνητο

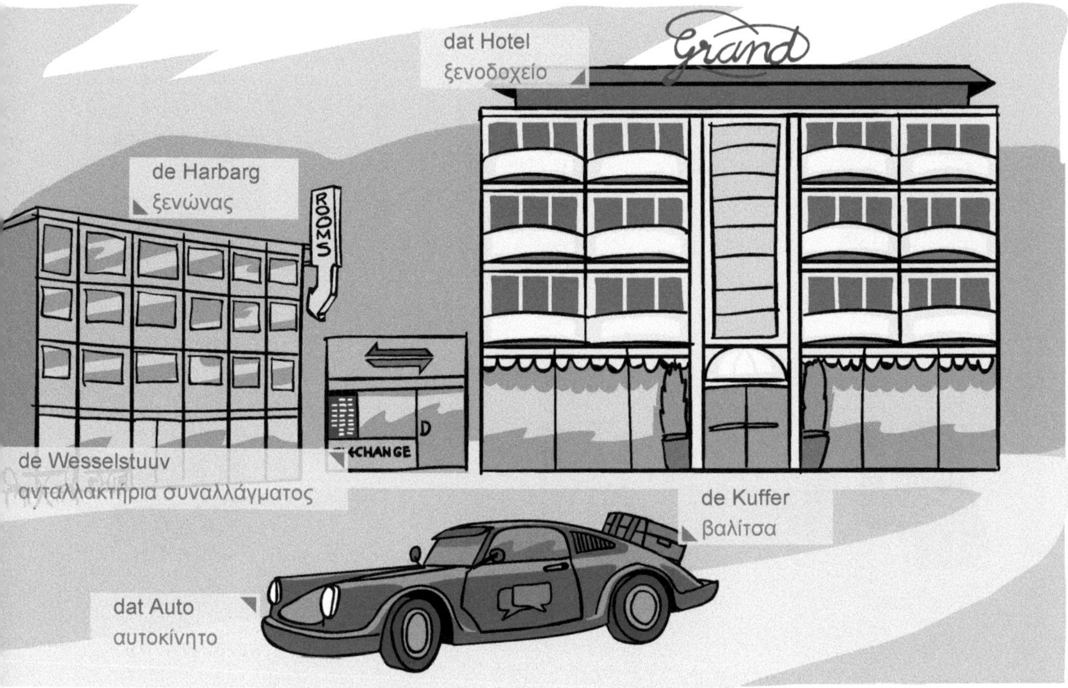

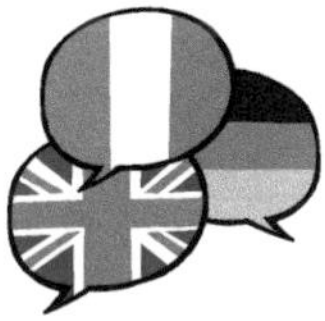

de Spraak

γλώσσα

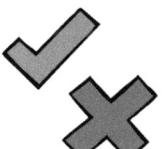

jo / ne

ναι / όχι

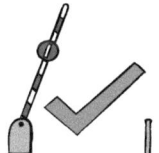

Jo

εντάξει

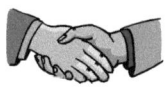

Moin

γεια σου

de Översetter

μεταφραστής

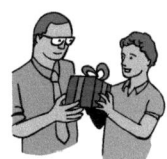

Dank ok

Ευχαριστώ

Wat kost…?

πόσο κάνει ;

Ik verstah nich

Δε καταλαβαίνω

dat Problem

πρόβλημα

Goden Avend

Καλησπέρα!

Moin!

Καλημέρα!

Gode Nacht!

Καληνύχτα!

Tschüüs

Αντίο

de Richt

κατεύθυνση

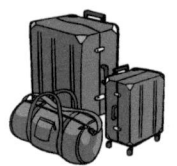

de Bagaasch

αποσκευές

de Tasch

τσάντα

de Rüchsack

σακίδιο πλάτης

de Gast

καλεσμένος

de Stuuv

δωμάτιο

de Slaapsack

υπνόσακος

dat Telt

σκηνή

de Törn - ταξίδι

de Touristeninformatschoon

τουριστικές πληροφορίες

de Strand

παραλία

de Kreditkoort

πιστωτική κάρτα

dat Fröhstück

πρωινό

dat Meddageten

μεσημεριανό

dat Avendeten

δείπνο

de Fohrkort

εισιτήριο

de Fohrstohl

ανελκυστήρας

de Breefmark

γραμματόσημο

de Grenz

σύνορα

de Toll

τελωνείο

de Bottschop

πρεσβεία

dat Visum

βίζα

de Pass

διαβατήριο

de Transport

μεταφορά

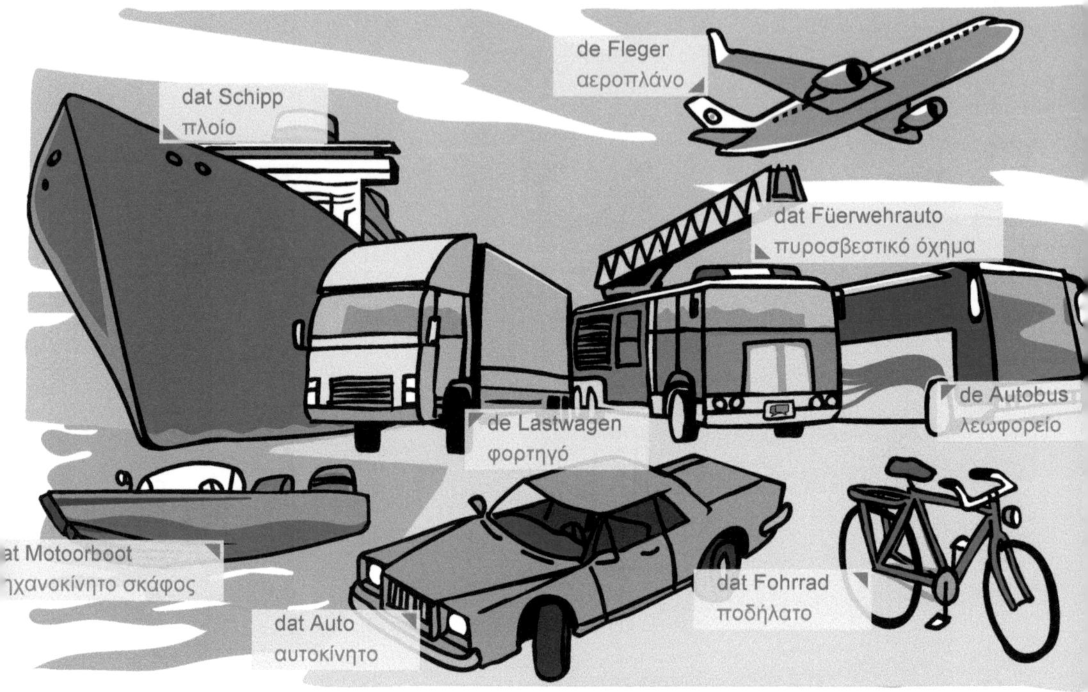

de Fleger
αεροπλάνο
dat Schipp
πλοίο
dat Füerwehrauto
πυροσβεστικό όχημα
de Autobus
λεωφορείο
de Lastwagen
φορτηγό
at Motoorboot
ηχανοκίνητο σκάφος
dat Auto
αυτοκίνητο
dat Fohrrad
ποδήλατο

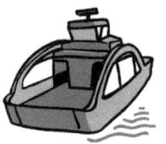

de Fähr

φεριμπότ

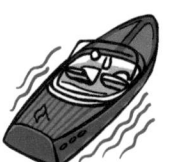

dat Boot

βάρκα

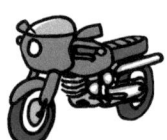

dat Motoorrad

μοτοσικλέτα

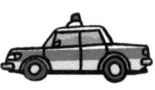

dat Polizeiauto

περιπολικό

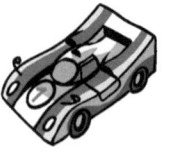

dat Rönnauto

αγωνιστικό αυτοκίνητο

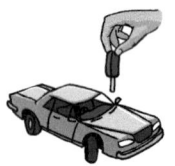

de Lehnwagen

ενοικιαζόμενο αυτοκίνητο

dat Carsharing

διαμοιρασμός αυτοκινήτων

de Afsleepwagen

γερανός

dat Müllauto

απορριμματοφόρο

de Motoor

κινητήρας

de Kraftstoff

καύσιμο

de Tanksteed

βενζινάδικο

dat Verkehrsschild

πινακίδα σήμανσης

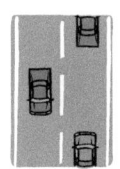

de Verkehr

κυκλοφορία

de Stau

κυκλοφοριακή συμφόρηση

de Afstellplatz

χώρος στάθμευσης

de Bahnhoff

σιδηροδρομικός σταθμός

de Sporen

σιδηροδρομικές γραμμές

de Tog

τρένο

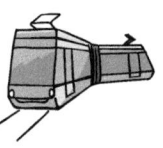

de Stratenbahn

τραμ

de Wagon

βαγόνι

de Transport - μεταφορά

de Dwarsmöhl

ελικόπτερο

de Flooghaven

αεροδρόμιο

de Tower

πύργος

de Fohrgast

επιβάτης

de Grootkist

εμπορευματοκιβώτιο

de Karton

χαρτοκιβώτιο

de Koor

καρότσι

de Korf

καλάθι

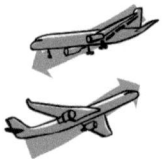

starten / lannen

απογειώνομαι /
προσγειόνομαι

de Stadt

πόλη

dat Dörp

χωριό

de Binnenstadt

κέντρο της πόλης

dat Huus

σπίτι

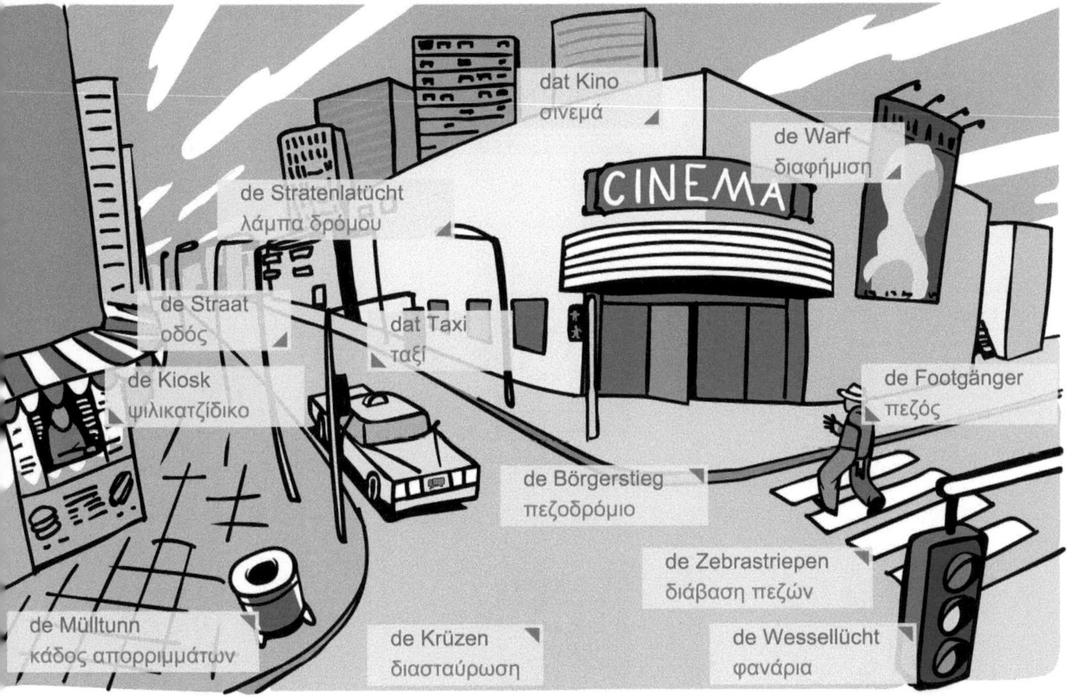

dat Kino
σινεμά
CINEMA
de Warf
διαφήμιση
de Stratenlatücht
λάμπα δρόμου
de Straat
οδός
dat Taxi
ταξί
de Kiosk
ψιλικατζίδικο
de Footgänger
πεζός
de Börgerstieg
πεζοδρόμιο
de Zebrastriepen
διάβαση πεζών
de Mülltunn
κάδος απορριμμάτων
de Krüzen
διασταύρωση
de Wessellücht
φανάρια

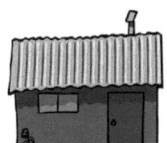

de Hütt

καλύβα

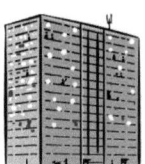

de Wahnung

διαμέρισμα

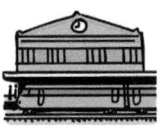

de Bahnhoff

σιδηροδρομικός σταθμός

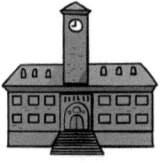

dat Raathuus

δημαρχείο

MUSEUM

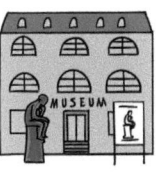

dat Museum

μουσείο

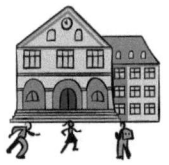

de School

σχολείο

de Universität

πανεπιστήμιο

de Bank

τράπεζα

dat Krankenhuus

νοσοκομείο

dat Hotel

ξενοδοχείο

de Afteek

φαρμακείο

dat Büro

γραφείο

de Bookhökerie

βιβλιοπωλείο

de Hökerie

κατάστημα

de Blomenhökerie

ανθοπωλείο

de Supermarkt

σούπερ μάρκετ

de Markt

αγορά

dat Koophuus

πολυκατάστημα

de Fischhökerie

ιχθυοπωλείο

dat Inkoopszentrum

εμπορικό κέντρο

de Haven

λιμάνι

de Stadt - πόλη

de Parkanlaag

πάρκο

de Bank

παγκάκι

de Brüch

γέφυρα

de Trepp

σκάλες

de Ünnergrundbahn

μετρό

de Tunnel

τούνελ

de Busstoppsteed

στάση λεωφορείου

de Bar

μπαρ

dat Spieslokal

εστιατόριο

de Breefkassen

γραμματοκιβώτιο

dat Stratenschild

πινακίδα δρόμου

de Parkklock

παρκόμετρο

de Deertenpark

ζωολογικός κήπος

de Baadanstalt

πισίνα

de Moschee

τζαμί

de Buernhoff

αγρόκτημα

de Ümweltversmudden

ρύπανση

de Karkhoff

νεκροταφείο

de Kark

εκκλησία

de Speelplatz

παιδική χαρά

de Tempel

ναός

de Landschop
τοπίο

dat Blatt
φύλλο

de Wiespahl
πινακίδα κατεύθυνσης

de Weg
δρόμος

de Wisch
λιβάδι

de Steen
πέτρα

de Wannerer
πεζοπόρος

de Boom
δέντρο

de Fluss
ποτάμι

dat Gras
χορτάρι

de Bloom
λουλούδι

dat Daal
κοιλάδα

de Barg
λόφος

de See
λίμνη

dat Holt
δάσος

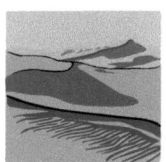

de Wööst
έρημος

de Füerspien Barg
ηφαίστειο

dat Slott
κάστρο

de Regenbagen
ουράνιο τόξο

de Poggenstohl
μανιτάρι

de Palm
φοίνικας

de Steekmück
κουνούπι

de Fleeg
μύγα

de Miegeemk
μυρμήγκι

de Imm
μέλισσα

de Spinn
αράχνη

de Sebber

σκαθάρι

de Pogg

βάτραχος

de Katteker

σκίουρος

de Swienegel

σκαντζόχοιρος

de Haas

λαγός

de Uul

κουκουβάγια

de Vagel

πουλί

de Swaan

κύκνος

dat Wildswien

αγριογούρουνο

de Hirsch

ελάφι

de Elk

άλκη

de Staudamm

φράγμα

dat Windrad

ανεμογεννήτρια

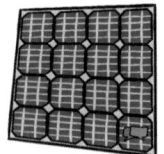

dat Solarmodul

ηλιακός συλλέκτης

dat Klima

κλίμα

dat Spieslokal

εστιατόριο

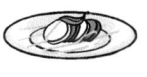

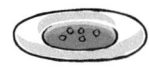

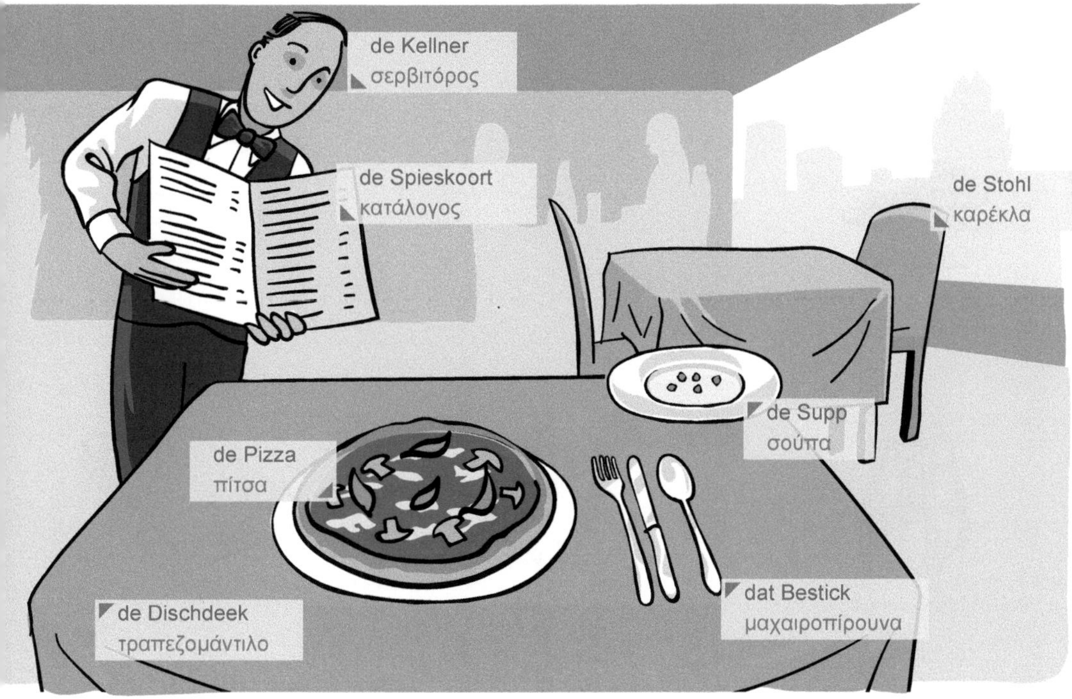

de Kellner
σερβιτόρος
de Spieskoort
κατάλογος
de Stohl
καρέκλα
de Supp
σούπα
de Pizza
πίτσα
dat Bestick
μαχαιροπίρουνα
de Dischdeek
τραπεζομάντιλο

de Vörspies

ορεκτικό

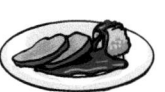

dat Haupteten

κύριο πιάτο

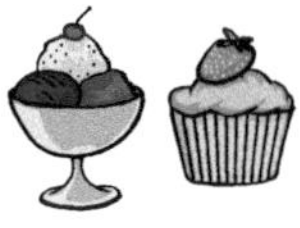

de Nadisch

επιδόρπιο

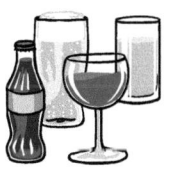

de Drünk

ποτά

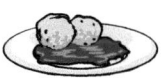

dat Eten

φαγητό

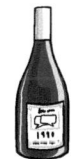

de Buddel

μπουκάλι

dat Fastfood

φαστ φουντ

dat Strateneten

φαγητό στ' όρθιο

de Teekann

τσαγιέρα

de Zuckerdoos

δοχείο ζάχαρης

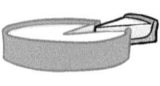

de Portschoon

μερίδα

de Espressomaschien

μηχανή εσπρέσο

de Hoochstohl

ψηλή καρέκλα

de Reken

λογαριασμός

dat Tablett

δίσκος

dat Mess

μαχαίρι

de Gavel

πιρούνι

de Lepel

κουτάλι

de Teelepel

κουταλάκι του τσαγιού

dat Munddook

πετσέτα φαγητού

dat Glas

ποτήρι

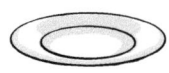

de Töller

πιάτο

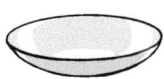

de Suppentöller

πιάτο σούπας

de Ünnertass

πιατάκι φλιτζανιού

de Sooß

σάλτσα

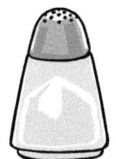

de Soltstreuer

αλατιέρα

de Pepermöhl

μύλος για πιπέρι

de Etig

ξύδι

dat Ööl

λάδι

de Krüder

μπαχαρικά

de Ketchup

κέτσαπ

de Mostrich

μουστάρδα

de Mayonnaise

μαγιονέζα

de Supermarkt

σούπερ μάρκετ

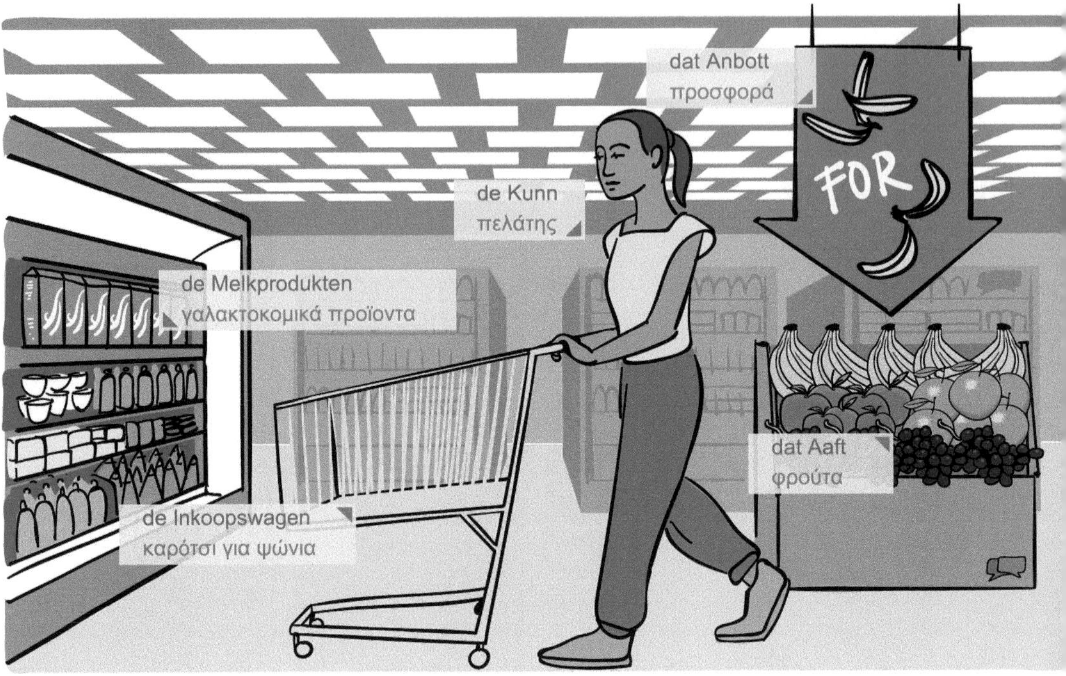

dat Anbott
προσφορά
de Kunn
πελάτης
FOR
de Melkprodukten
γαλακτοκομικά προϊόντα
dat Aaft
φρούτα
de Inkoopswagen
καρότσι για ψώνια

BUTCHERS

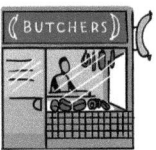

de Slachterie

κρεοπωλείο

BAKERY

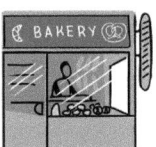

de Bäckerie

φούρνος

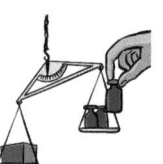

wegen

ζυγίζω

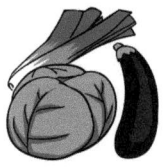

de Gröönsaken

λαχανικά

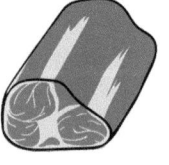

dat Fleesch

κρέας

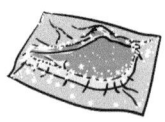

de Deepköhlkost

κατεψυγμένα τρόφιμα

de Opsnitt
αλλαντικά

de Konserven
κονσερβοποιημένη τροφή

de Waschmiddel
απορρυπαντικό ρούχων

de Snoopkraam
γλυκά

de Huushooltssaken
οικιακά είδη

de Reinmaaktüüch
καθαριστικά προϊόντα

de Verköpersche
πωλήτρια

de Kass
ταμείο

de Kasserer
ταμίας

de Inkoopslist
λίστα για ψώνια

de Opsparrtieden
ωράριο λειτουργίας

de Breeftasch
πορτοφόλι

de Kreditkoort
πιστωτική κάρτα

de Tasch
τσάντα

de Plastiktüüt
πλαστική σακούλα

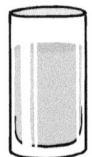

dat Water

νερό

de Saft

χυμός

de Melk

γάλα

de Cola

κόκα κόλα

de Wien

κρασί

dat Beer

μπίρα

de Spriet

αλκοόλ

de Kakao

κακάο

de Tee

τσάι

de Koffie

καφές

de Espresso

εσπρέσο

de Cappucino

καπουτσίνο

de Banaan

μπανάνα

de Appel

μήλο

de Appelsien

πορτοκάλι

de Meloon

πεπόνι

de Zitroon

λεμόνι

de Wöttel

καρότο

de Knuuvlook

σκόρδο

de Bambus

μπαμπού

de Zibbel

κρεμμύδι

de Poggenstohl

μανιτάρι

de Nööt

ξηροί καρποί

de Nudeln

νουντλς

de Spaghetti

μακαρόνια

de Ries

ρύζι

de Salat

σαλάτα

de Pommes frites

πατατάκια

de Braadkantüffeln

τηγανητές πατάτες

de Pizza

πίτσα

de Hamborger

χάμπουργκερ

dat Sandwich

σάντουιτς

dat Snitzel

κοτολέτα

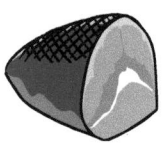

de Schinken

ζαμπόν

de Salami

σαλάμι

de Wust

λουκάνικο

dat Hohn

κοτόπουλο

de Braden

ψητό

de Fisch

ψάρι

de Haverflocken

χυλός βρώμης

dat Müsli

μούσλι

de Cornflakes

κορν φλέικς

dat Mehl

αλεύρι

de Croissant

κρουασάν

dat Rundstück

ψωμάκι

dat Broot

ψωμί

dat Toast

τοστ

de Keksen

μπισκότα

de Botter

βούτυρο

de Quark

τυρόπηγμα

de Koken

κέικ

dat Ei

αυγό

dat Spegelei

τηγανητό αυγό

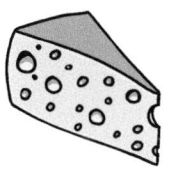

de Kees

τυρί

de Ies

παγωτό

de Zucker

ζάχαρη

de Honnig

μέλι

de Marmelaad

μαρμελάδα

de Nougat-Creme

άλλειμμα σοκολάτας

dat Curry

κάρυ

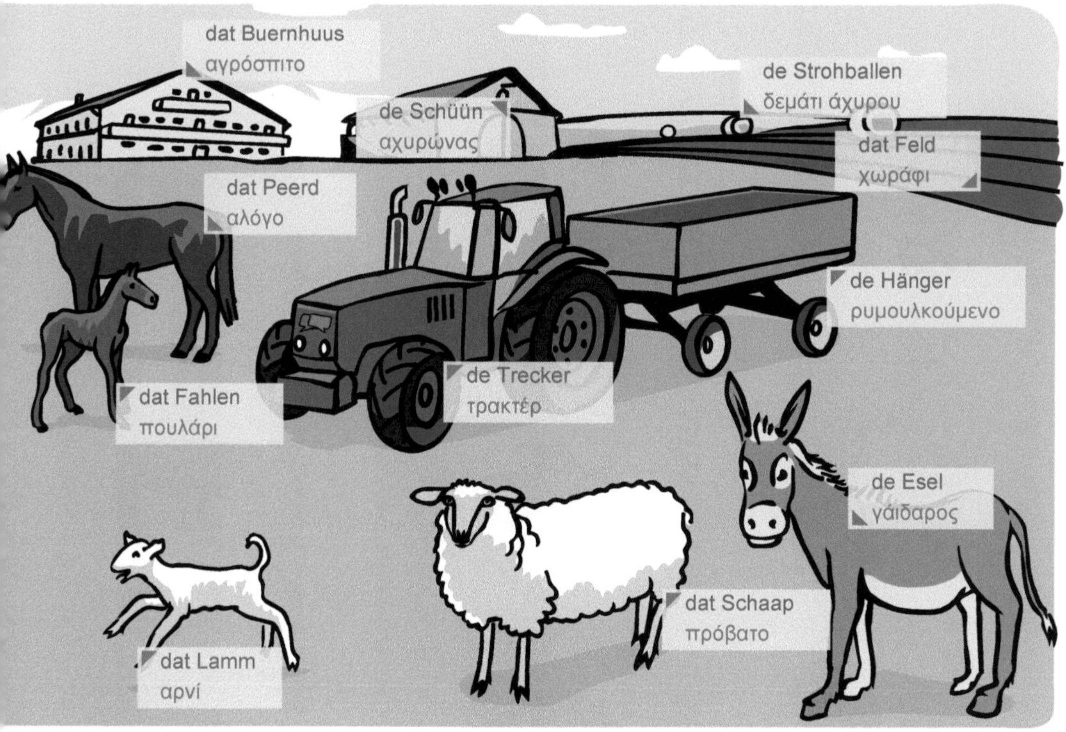

dat Buernhuus
αγρόσπιτο

de Schüün
αχυρώνας

de Strohballen
δεμάτι άχυρου

dat Feld
χωράφι

dat Peerd
αλόγο

de Hänger
ρυμουλκούμενο

dat Fahlen
πουλάρι

de Trecker
τρακτέρ

de Esel
γάιδαρος

dat Schaap
πρόβατο

dat Lamm
αρνί

de Zeeg
κατσίκα

de Koh
αγελάδα

dat Kalf
μοσχαράκι

dat Swien
γουρούνι

dat Farken
γουρουνάκι

de Bull
ταύρος

de Goos

χήνα

de Aant

πάπια

dat Küken

κοτοπουλάκι

dat Hohn

κότα

de Hahn

κόκορας

de Rott

αρουραίος

de Katt

γάτα

de Muus

ποντίκι

de Oss

βόδι

de Hund

σκύλος

de Hunnenhütt

σπιτάκι σκύλου

de Goornslauch

λάστιχο κήπου

de Geetkann

ποτιστήρι

de Lee

θεριστήρι

de Ploog

αλέτρι

de Sich

δρεπάνι

de Hack

τσάπα

de Mestfork

δίκρανο

de Ext

τσεκούρι

de Schuufkoor

χειράμαξα

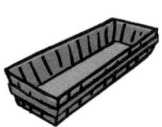

de Trog

ταΐστρα

de Melkkann

δοχείο γάλακτος

de Sack

σάκος

de Tuun

φράχτης

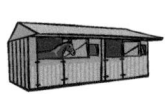

de Stall

στάβλος

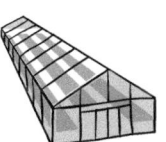

dat Drievhuus

θερμοκήπιο

de Bodden

έδαφος

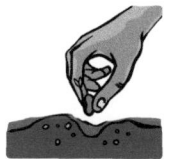

de Saat

σπόρος

de Dünger

λίπασμα

de Meihdöscher

θεριζοαλωνιστική μηχανή

de Buernhoff - αγρόκτημα

oornen

θερίζω

de Oorn

συγκομιδή

de Yamswöttel

γιαμς

de Weten

σιτάρι

dat Soja

σόγια

de Kantüffel

πατάτα

de Törksche Weten

καλαμπόκι

de Rapp

κράμβη

de Aaftboom

οπωροφόρο δέντρο

de Troopsch Kantüffel

μανιόκα

dat Koorn

δημητριακά

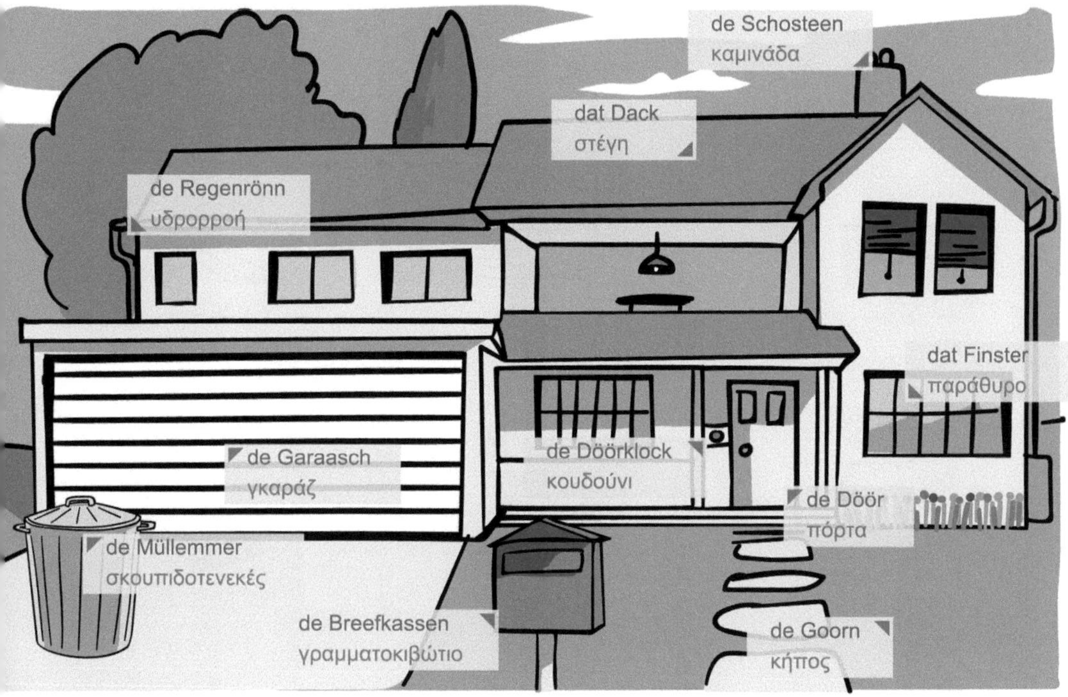

de Schosteen
καμινάδα

dat Dack
στέγη

de Regenrönn
υδρορροή

dat Finster
παράθυρο

de Garaasch
γκαράζ

de Döörklock
κουδούνι

de Döör
πόρτα

de Müllemmer
σκουπιδοτενεκές

de Breefkassen
γραμματοκιβώτιο

de Goorn
κήπος

de Wahnstuuv

σαλόνι

de Baadstuuv

μπάνιο

de Köök

κουζίνα

de Slaapstuuv

υπνοδωμάτιο

de Kinnerstuuv

παιδικό δωμάτιο

de Eetstuuv

τραπεζαρία

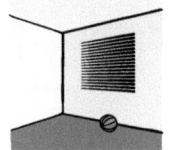

de Footbodden

πάτωμα

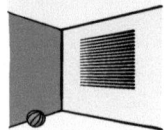

de Wand

τοίχος

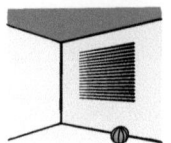

de Deek

οροφή

de Keller

κελάρι

dat Hittluftbad

σάουνα

de Balkon

μπαλκόνι

de Terrass

βεράντα

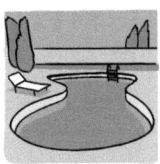

dat Swümmbad

πισίνα

de Rasenmeiher

μηχανή του γκαζόν

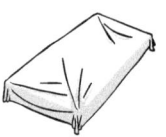

de Bettbetog

σεντόνι

de Bettdeek

κάλυμμα κρεβατιού

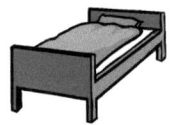

de Puuch

κρεβάτι

de Bessen

σκούπα

de Emmer

κουβάς

de Schalter

διακόπτης

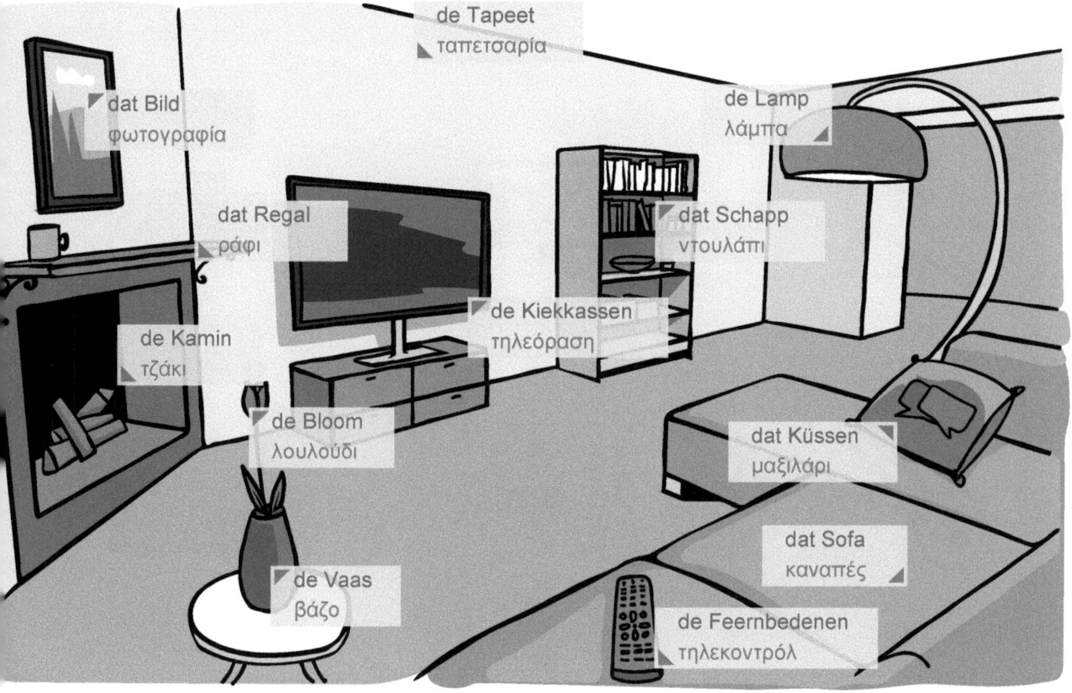

de Tapeet
ταπετσαρία

dat Bild
φωτογραφία

de Lamp
λάμπα

dat Regal
ράφι

dat Schapp
ντουλάπι

de Kiekkassen
τηλεόραση

de Kamin
τζάκι

de Bloom
λουλούδι

dat Küssen
μαξιλάρι

dat Sofa
καναπές

de Vaas
βάζο

de Feernbedenen
τηλεκοντρόλ

de Teppich
χαλί

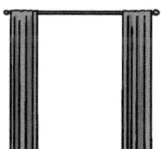

de Vörhang
κουρτίνα

de Disch
τραπέζι

de Stohl
καρέκλα

de Schuckelstohl
κουνιστή πολυθρόνα

de Sessel
πολυθρόνα

dat Book

βιβλίο

de Deek

κουβέρτα

de Dekoratschoon

διακόσμηση

dat Füerholt

καυσόξυλα

de Film

ταινία

de Stereoanlaag

στερεοφωνικό σύστημα

de Slötel

κλειδί

dat Narichtenblatt

εφημερίδα

dat Gemälde

πίνακας ζωγραφικής

dat Poster

αφίσα

dat Radio

ραδιόφωνο

de Opschrievblock

σημειωματάριο

de Huulbessen

ηλεκτρική σκούπα

de Kaktus

κάκτος

de Kars

κερί

de Köök

κουζίνα

dat Köhlschapp
ψυγείο
de Mikrowell
φούρνος μικροκυμάτων
de Kökenwaag
ζυγαριά κουζίνας
de Toaster
τοστιέρα
dat Reinmaakmiddel
απορρυπαντικό
de Backaven
φούρνος
dat Gefreerfack
κατάψυξη
de Müllemmer
σκουπιδοτενεκές
de Opwaschmaschien
πλυντήριο πιάτων

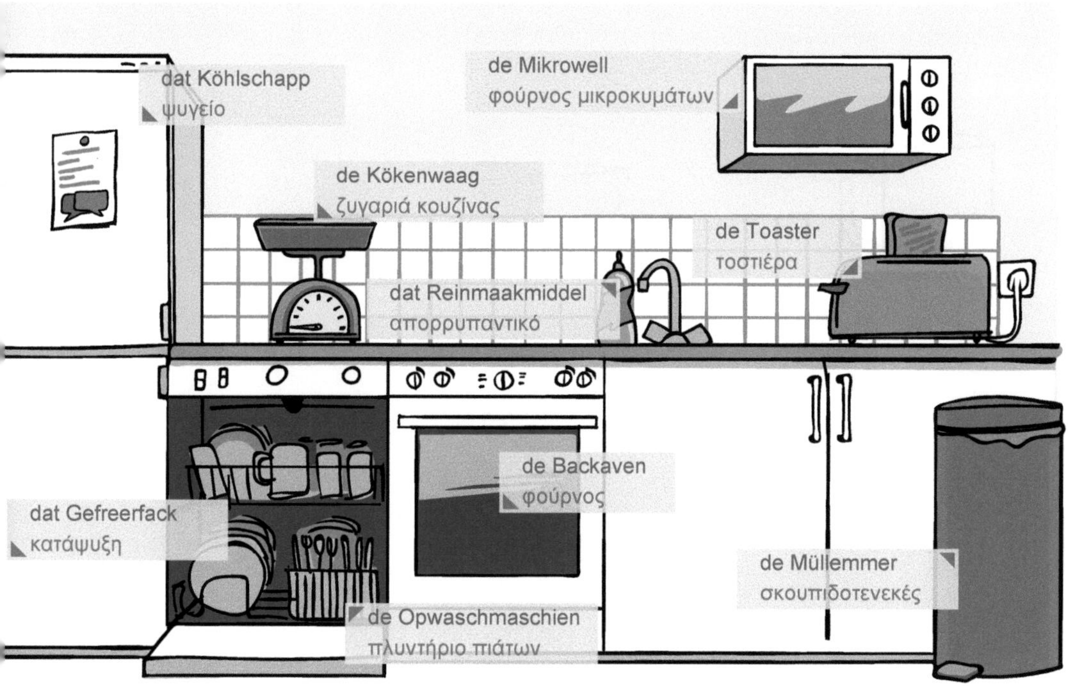

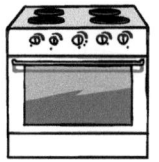

de Heerd

κουζίνα

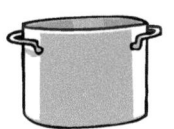

de Pott

κατσαρόλα

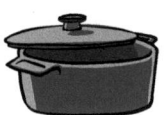

de Gussiesern Putt

μαντεμένια κατσαρόλα

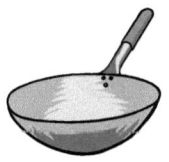

de Wok / Kadai

γουόκ/καντάι

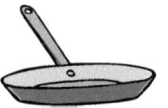

de Pann

τηγάνι

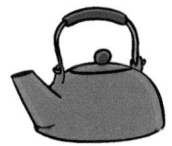

de Waterkaker

βραστήρας

de Dampkaakputt

ατμομάγειρας

dat Backblick

ταψί

dat Geschirr

πιατικά

de Beker

κούπα

de Schaal

μπολ

de Eetsticken

ξυλάκια

de Suppenkell

κουτάλα

de Pannenwenner

σπάτουλα

de Sneebessen

ανακατεύω

dat Kaakseef

σουρωτήρι

dat Seef

σουρωτηράκι

de Riev

τρίφτης

de Mörser

γουδί

de Grill

ψησταριά

de Füerstell

ανοιχτή φωτιά

dat Sniedbrett

σανίδα κοπής

dat Nudelholt

πλάστης

de Proppentrecker

ανοιχτήρι φελλών

de Doos

κονσέρβα

de Dosenaapner

ανοιχτήρι κονσέρβας

de Pottlappen

γάντι φούρνου

dat Waschbecken

νεροχύτης

de Böst

βούρτσα

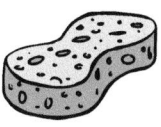

de Swamm

σφουγγάρι

de Mixer

μπλέντερ

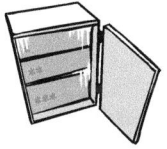

dat lesschapp

καταψύκτης

de Nuckelbuddel

μπιμπερό

de Waterhahn

βρύση

de Baadstuuv

μπάνιο

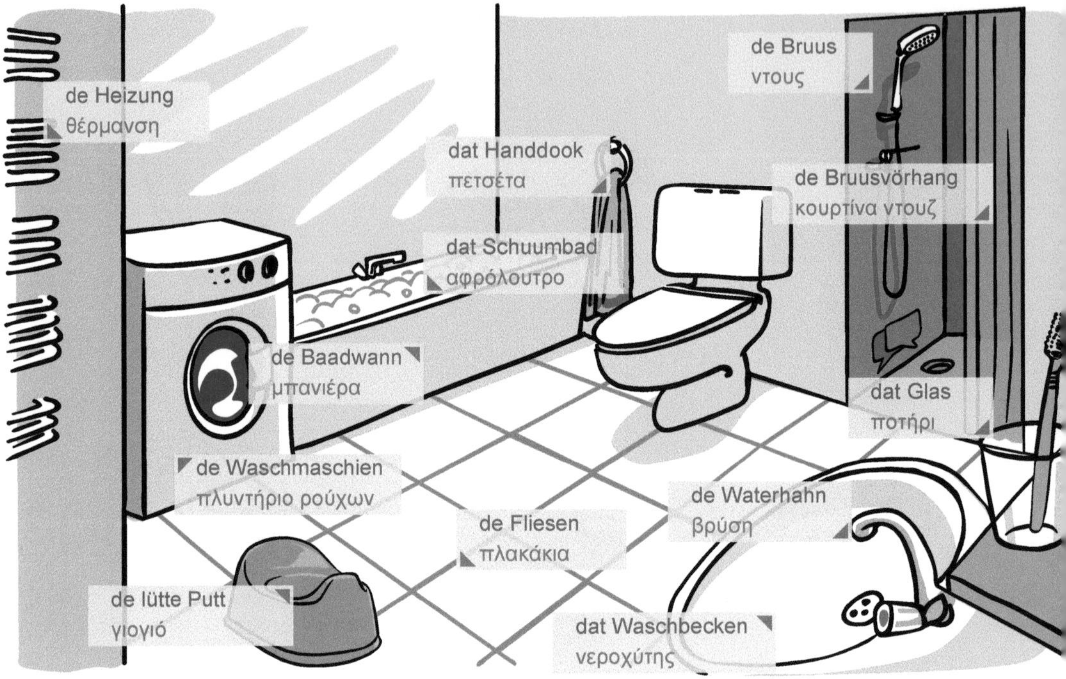

de Heizung
θέρμανση
de Bruus
ντους
dat Handdook
πετσέτα
de Bruusvörhang
κουρτίνα ντουζ
dat Schuumbad
αφρόλουτρο
de Baadwann
μπανιέρα
dat Glas
ποτήρι
de Waschmaschien
πλυντήριο ρούχων
de Waterhahn
βρύση
de Fliesen
πλακάκια
de lütte Putt
γιογιό
dat Waschbecken
νεροχύτης

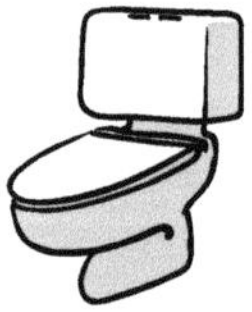

de Tante Meier

τουαλέτα

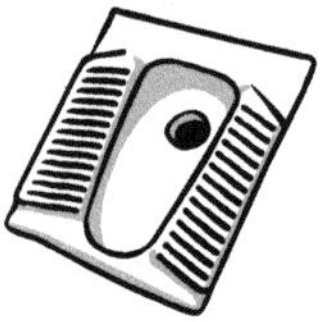

de Hockklo

τούρκικη τουαλέτα

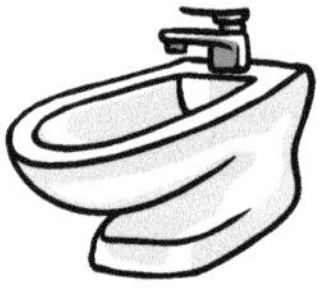

dat Bidet

μπιντές

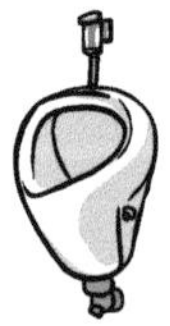

dat Miegbecken

ουρητήριο

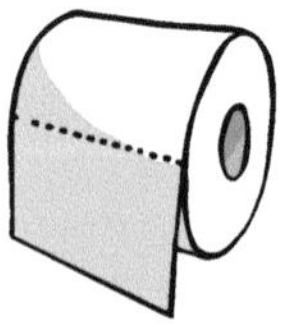

dat Klopapeer

χαρτί υγείας

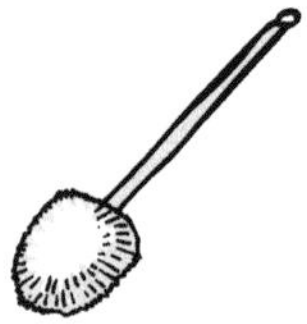

de Klobööst

πιγκάλ

de Tähnböst

οδοντόβουρτσα

de Tähnpast

οδοντόκρεμα

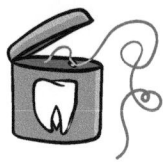

de Tähnsied

οδοντικό νήμα

waschen

πλένω

de Handbruus

τηλέφωνο ντους

de Intimbruus

ντουσιέρα

de Waschschöttel

λεκάνη

de Rüchböst

βούρτσα πλάτης

de Seep

σαπούνι

dat Bruusgeel

αφρόλουτρο

dat Hoorwaschmiddel

σαμπουάν

de Waschlappen

φανέλα

de Afloop

σιφόνι

de Creme

κρέμα

dat Deodorant

αποσμητικό

de Spegel

καθρέφτης

de Kosmetikspegel

καθρέφτης χειρός

de Raserer

ξυραφάκι

de Raseerschuum

αφρός ξυρίσματος

dat Raseerwater

αφτερσέιβ

de Kamm

χτένα

de Böst

βούρτσα

de Hoordröger

σεσουάρ

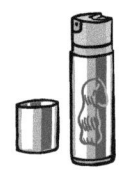

dat Hoorspray

λακ

de Smink

μακιγιάζ

de Lippensticken

κραγιόν

de Nagellack

βερνίκι νυχιών

de Watt

βαμβάκι

de Nagelscheer

ψαλίδι νυχιών

dat Rüükwater

άρωμα

de Kulturbüdel

νεσεσέρ

de Schemel

σκαμπό

de Waag

ζυγαριά

de Baadmantel

μπουρνούζι

de Gummihanschen

ελαστικά γάντια

de Tampon

ταμπόν

de Damenbinn

πετσέτα υγιεινής

dat Chemieklo

χημική τουαλέτα

de Kinnerstuuv
παιδικό δωμάτιο

de Wecker
ξυπνητήρι
dat Knudeldeert
λούτρινο ζωάκι
dat Speeltüüchauto
αυτοκινητάκι
de Klöter
κουδουνίστρα
dat Poppenhuus
κουκλόσπιτο
dat Geschenk
δώρο

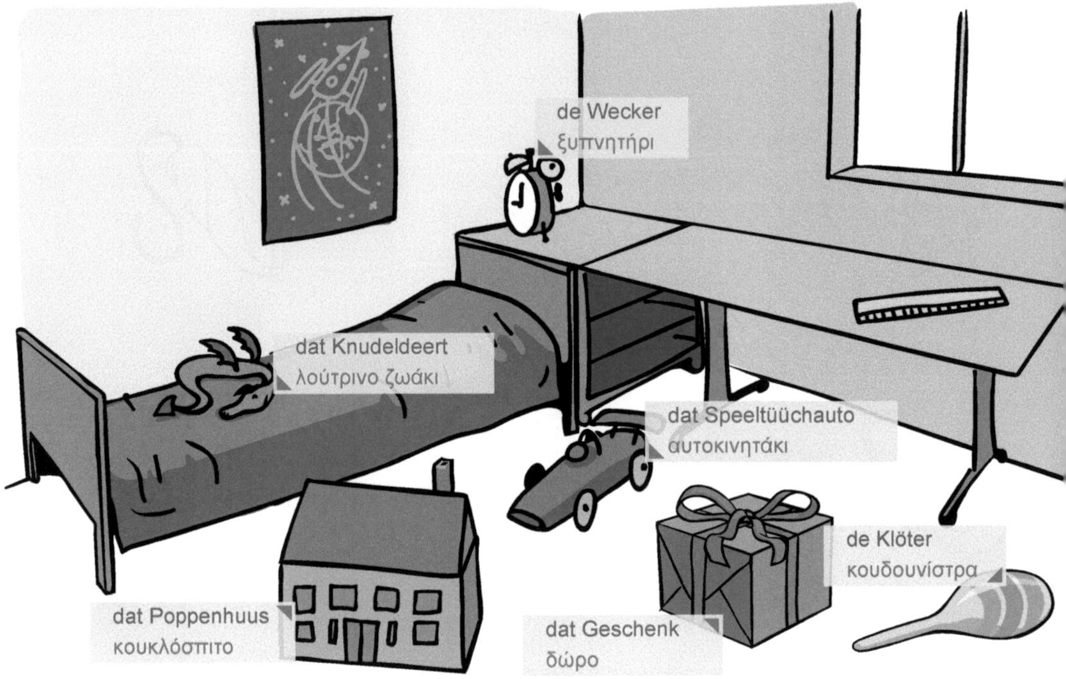

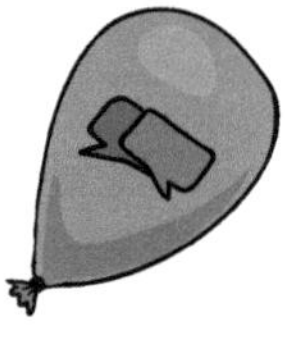

de Luftballon

μπαλόνι

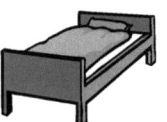

de Puuch

κρεβάτι

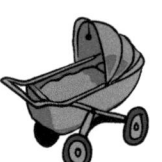

de Kinnerwagen

καροτσάκι

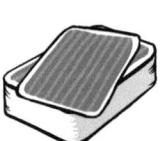

dat Koortenspeel

τράπουλα

dat Puzzle

παζλ

SUPER
MEGA

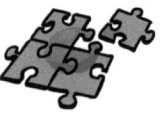

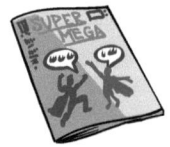

de Billergeschicht

κόμικς

de Legostenen

τουβλάκια lego

de Bustenen

τουβλάκια κατασκευών

de Action-Figur

φιγούρα δράσης

de Strampelantog

βρεφικό φορμάκι

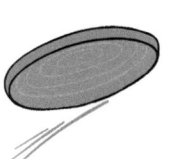

de Frisbeeschiev

φρίσμπι

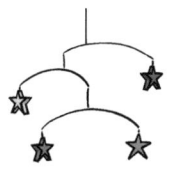

dat Mobile

μόμπιλο

dat Brettspeel

επιτραπέζιο παιχνίδι

de Wörpel

ζάρια

de Modelliesenbahn

σετ τρενάκι

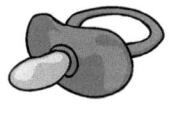

de Snuller

πιπίλα

de Party

πάρτι

dat Billerbook

εικονογραφημένο βιβλίο

de Ball

μπάλα

de Popp

κούκλα

spelen

παίζω

de Sandkassen

σκάμμα με άμμο

de Schuckel

κούνια

dat Speeltüüch

παιχνίδια

de Speelkonsool

κονσόλα βιντεοπαιχνιδιών

dat Dreerad

τρίκυκλο

de Teddyboor

αρκουδάκι

dat Klederschapp

ντουλάπα

dat Tüüch

ρούχα

de Socken

κάλτσες

de Strümp

καλτσοδέτες

de Strumpbüx

καλσόν

dat Halsdook
κασκόλ

de Paraplü
ομπρέλα

dat T-Shirt
μπλουζάκι

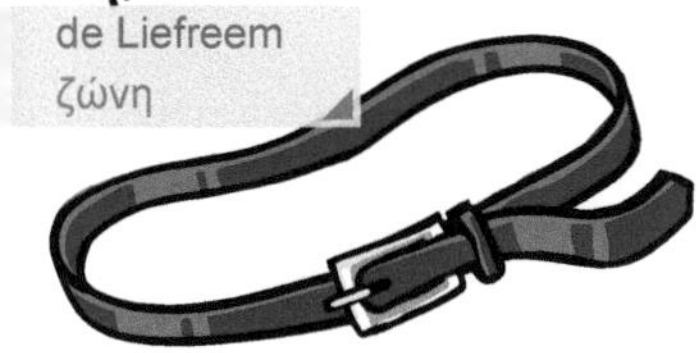

de Liefreem
ζώνη

de Stevel
μπότες

de Puuschen
παντόφλες

de Turnschoh
αθλητικά παπούτσια

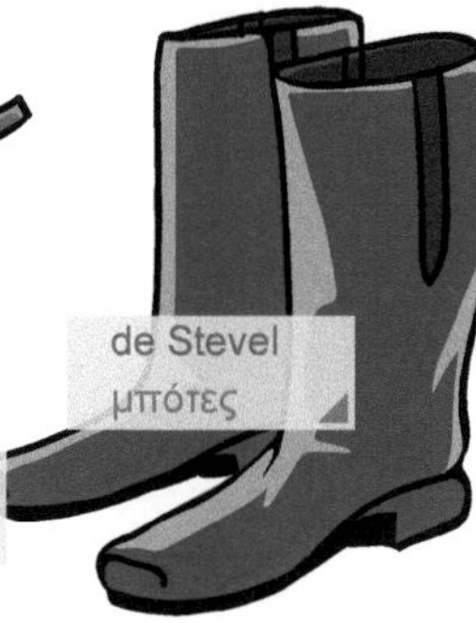

de Sandalen

σανδάλια

de Schoh

παπούτσια

de Gummistevel

γαλότσες

de Ünnerbüx

εσώρουχο

de Bostholler

σουτιέν

dat Ünnerhemd

φανέλα

de Lief

σώμα

de Büx

παντελόνι

de Jeansnüx

τζιν παντελόνι

de Rock

φούστα

de Bluus

μπλούζα

dat Hemd

πουκάμισο

de Pullover

πουλόβερ

de Kapuzenpullover

πουλόβερ

de Blazer

σακάκι

de Jack

μπουφάν

de Mantel

παλτό

de Övertrecker

αδιάβροχο πανωφόρι

dat Kostüm

κοστούμι

dat Kleed

φόρεμα

dat Hochtietskleed

νυφικό

de Antog
κοστούμι

dat Nachtkleed
νυχτικό

de Slaapantog
πιτζάμες

de Sari
σάρι

dat Koppdook
μαντήλι

de Turban
τουρμπάνι

de Burka
μπούρκα

de Kaftan
καφτάνι

de Abaya
μουσουλμανικό ένδυμα

de Baadantog
ολόσωμο μαγιό

de Baadbüx
ανδρικό μαγιό

de Korte Büx
σορτς

de Antog to'n Öven
αθλητική φόρμα

de Schört
ποδιά

de Handschoh
γάντια

de Knopp

κουμπί

de Brill

γυαλιά

dat Armband

βραχιόλι

de Halskeed

περιδέραιο

de Ring

δαχτυλίδι

de Ohrbummel

σκουλαρίκι

de Mütz

καπέλο

de Klederbögel

κρεμάστρα

de Hoot

καπέλο

de Binner

γραβάτα

de Rietslüter

φερμουάρ

de Helm

κράνος

dat Drachtband

τιράντες

de Schooluniform

μαθητική στολή

de Uniform

στολή

dat Tüüch - ρούχα

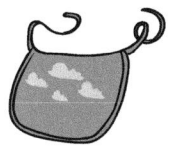

de Severböten

σαλιάρα

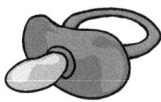

de Snuller

πιπίλα

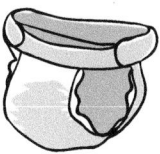

de Winnel

πάνα

dat Büro

γραφείο

de Server
σέρβερ
dat Aktenschapp
αρχειοθήκη
de Drucker
εκτυπωτής
dat Papeer
χαρτί
de Bildschirm
οθόνη
de Muus
ποντίκι
de Schrievdisch
γραφείο
de Orner
ντοσιέ
dat Knoopboord
πληκτρολόγιο
de Papeerkorf
καλάθι αχρήστων
de Computer
υπολογιστής
de Stohl
καρέκλα

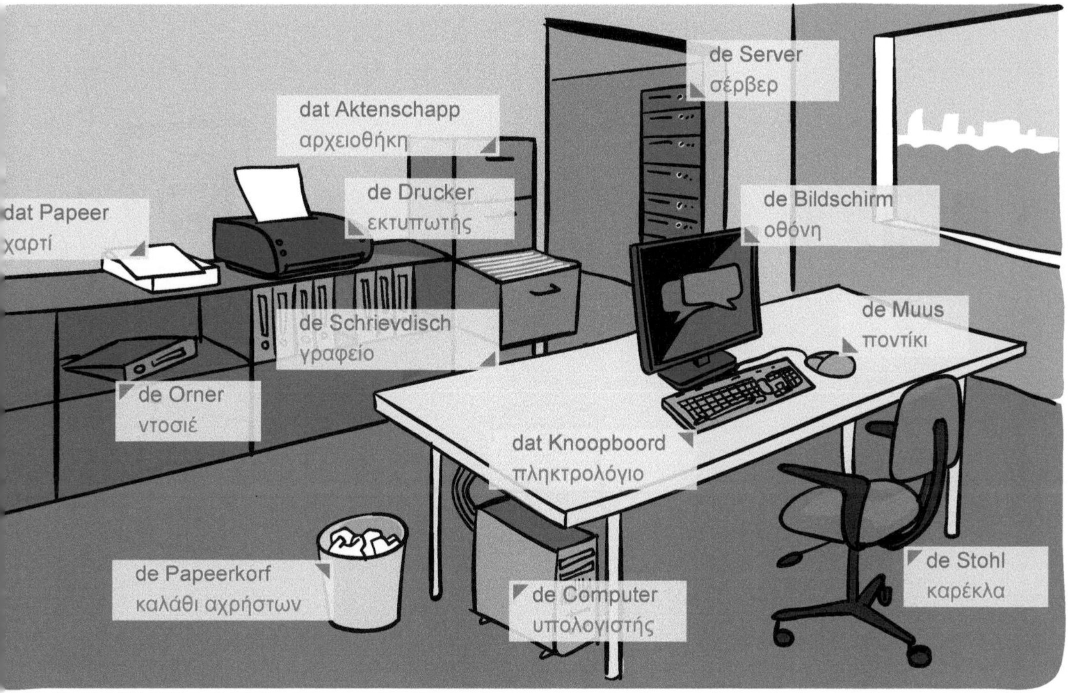

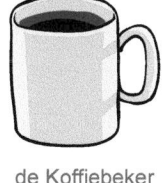

de Koffiebeker

κούπα του καφέ

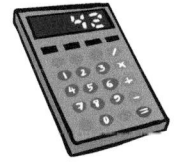

de Taschenreekner

κομπιουτεράκι

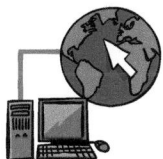

dat Internet

ίντερνετ

de Klappreekner

λάπτοπ

de Breef

γράμμα

de Naricht

μήνυμα

de Ackersnacker

κινητό

dat Nettwark

δίκτυο

de Kopeerapparat

φωτοτυπικό μηχάνημα

de Software

λογισμικό

de Klöönkassen

τηλέφωνο

de Steekdoos

πρίζα

de Faxapparat

συσκευή φαξ

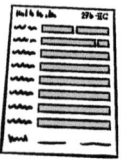

dat Formulor

έντυπο

dat Dokument

έγγραφο

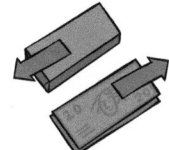

köpen

αγοράζω

betahlen

πληρώνω

hanneln

συναλλάσσομαι

dat Geld

χρήματα

de Dollar

δολάριο

de Euro

ευρώ

de Yen

γιεν

de Ruvel

ρούβλι

de Swiezer Franken

ελβετικό φράγκο

de Renminbi Yuan

ρενμίνμπι γιουάν

de Rupie

ρουπία

de Geldautomat

ATM (αυτόματη ταμειακή μηχανή)

de Wesselstuuv

ανταλλακτήρια
συναλλάγματος

dat Gold

χρυσός

dat Sülver

ασήμι

dat Ööl

πετρέλαιο

de Energie

ενέργεια

de Pries

τιμή

de Verdrag

συμβόλαιο

de Stüer

φόρος

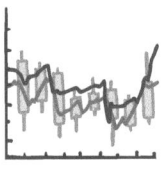

de Andeelschien

μετοχή

arbeiden

δουλεύω

de Anstellte

υπάλληλος

de Arbeitgever

εργοδότης

de Fabrik

εργοστάσιο

de Hökerie

κατάστημα

de Profeschonen
επαγγέλματα

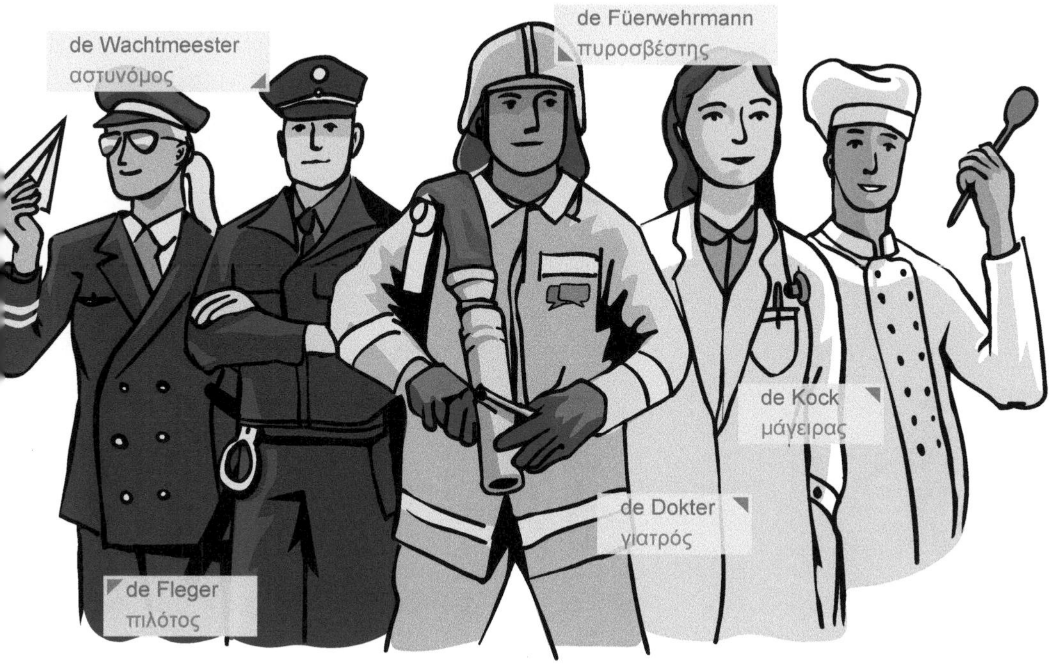
de Wachtmeester
αστυνόμος
de Füerwehrmann
πυροσβέστης
de Kock
μάγειρας
de Dokter
γιατρός
de Fleger
πιλότος

de Goorner
κηπουρός

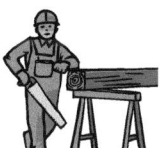

de Discher
ξυλουργός

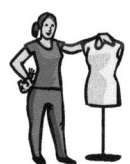

de Neihersche
μοδίστρα

de Richter
δικαστής

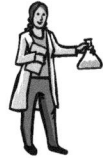

de Chemiker
χημικός

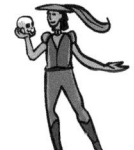

de Schauspeler
ηθοποιός

de Busfohrer

οδηγός λεωφορείου

de Taxifohrer

ταξιτζής

de Fischer

ψαράς

de Reinmaakfru

καθαρίστρια

de Dackdecker

τεχνίτης στεγών

de Kellner

σερβιτόρος

de Jäger

κυνηγός

de Maler

ζωγράφος

de Bäcker

αρτοποιός

de Elektriker

ηλεκτρολόγος

de Buarbeider

οικοδόμος

de Ingenieur

μηχανολόγος

de Slachter

κρεοπώλης

de Klempner

υδραυλικός

de Postbüdel

ταχυδρόμος

de Suldat

στρατιώτης

de Architekt

αρχιτέκτονας

de Kasserer

ταμίας

de Florist

ανθοπώλης

de Putzbüdel

κομμωτής

de Schaffner

ελεγκτής εισιτηρίων

de Mechaniker

μηχανικός

de Kaptein

καπετάνιος

de Tähndokter

οδοντίατρος

de Wetenschopler

επιστήμονας

de Rabbi

ραβίνος

de Imam

ιμάμης

de Mönk

μοναχός

de Paap

ιερέας

dat Warktüüch

εργαλεία

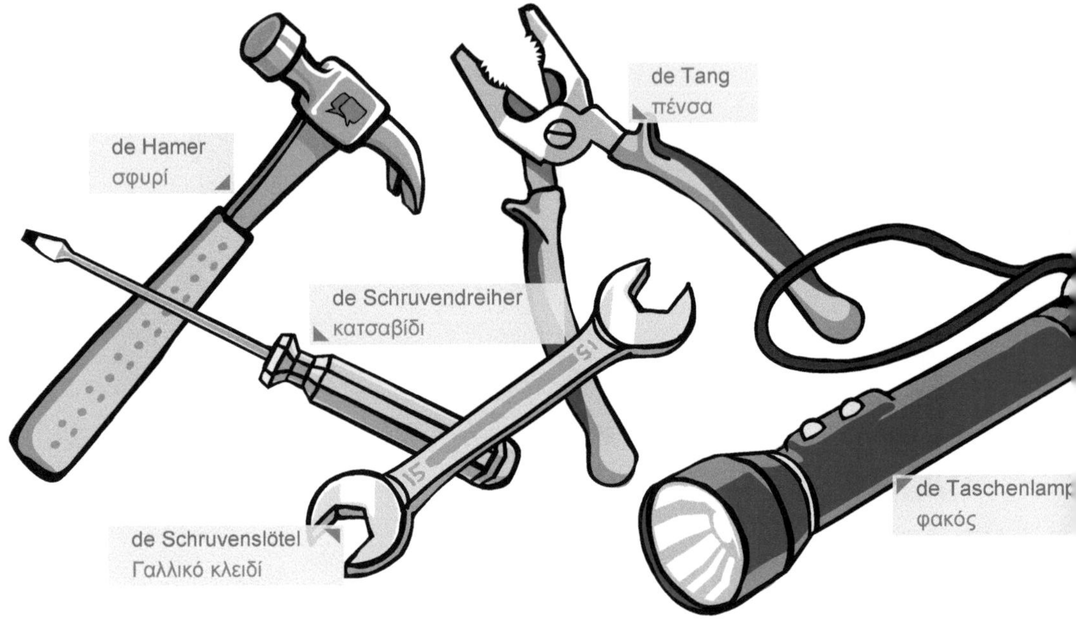
de Hamer
σφυρί
de Tang
πένσα
de Schruvendreiher
κατσαβίδι
de Taschenlamp
φακός
de Schruvenslötel
Γαλλικό κλειδί

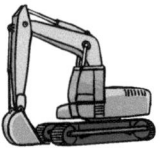

de Grieper

εκσκαφέας

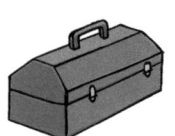

de Warktüüchkassen

εργαλειοθήκη

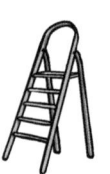

de Ledder

σκάλα

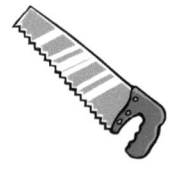

de Saag

πριόνι

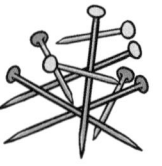

de Nagels

καρφιά

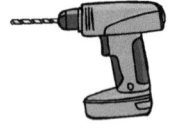

de Bohrer

τρυπάνι

heelmaken
....
επισκευάζω

de Schüffel
....
φτυάρι

Schiet!
....
Να πάρει!

dat Kehrblick
....
φαράσι

de Farvpott
....
δοχείο χρωμάτων

de Schruven
....
βίδες

de Musikinstrumenten
μουσικά όργανα

de Luutsnacker
μεγάφωνο

dat Slagtüüch
ντραμς

de Rietfiedel
κιθάρα

de Bass-Vigelien
κοντραμπάσο

de Trumpeet
τρομπέτα

dat Klaveer

πιάνο

de Vigelien

βιολί

de Bass

μπάσο

de Pauk

τύμπανα

de Trummeln

τύμπανο

dat Keyboard

πλήκτρα

dat Saxophon

σαξόφωνο

de Fleut

φλάουτο

dat Mikrofoon

μικρόφωνο

de Deertenpark
ζωολογικός κήπος

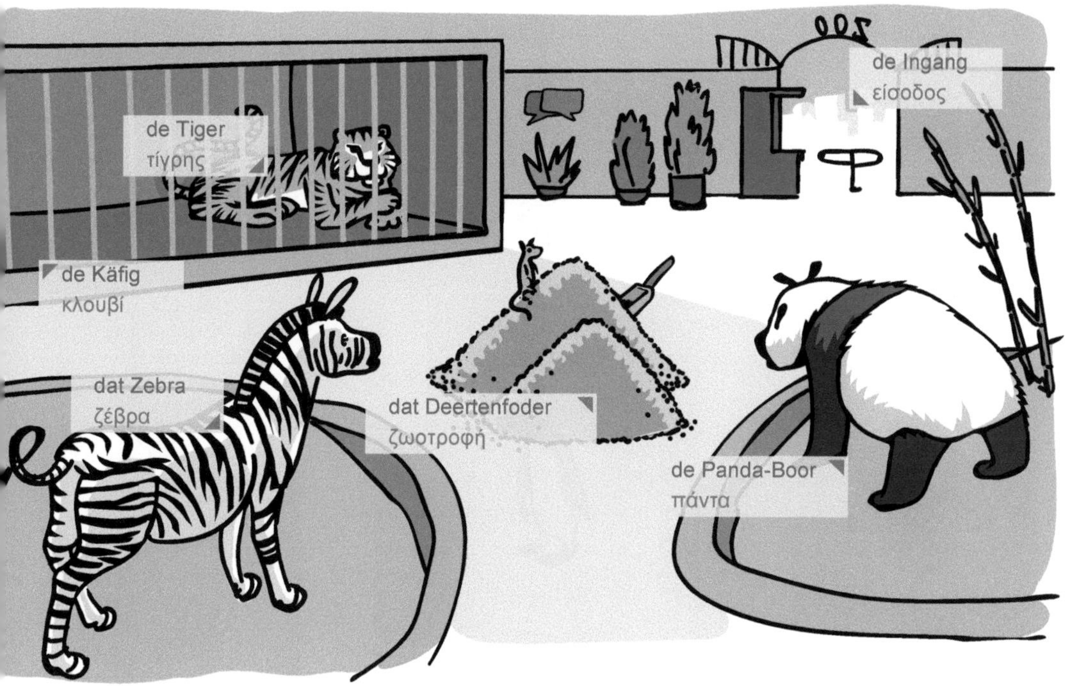

de Ingang
είσοδος
de Tiger
τίγρης
de Käfig
κλουβί
dat Zebra
ζέβρα
dat Deertenfoder
ζωοτροφή
de Panda-Boor
πάντα

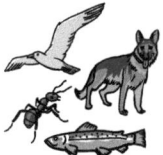

de Deerten
ζώα

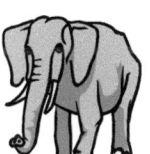

de Elefant
ελέφαντας

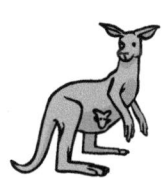

dat Känguru
καγκουρό

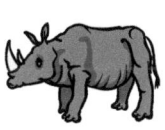

dat Neeshoorn
ρινόκερος

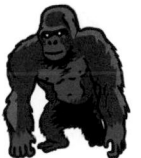

de Gorilla
γορίλας

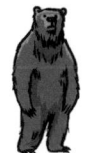

de Boor
αρκούδα

dat Kameel

καμήλα

de Struuß

στρουθοκάμηλος

de Lööv

λιοντάρι

de Aap

πίθηκος

de Flamingo

φλαμίνγκο

de Papagoi

παπαγάλος

de Iesboor

πολική αρκούδα

de Pinguin

πιγκουίνος

de Haifisch

καρχαρίας

de Pageluun

παγώνι

de Slang

φίδι

dat Krokodil

κροκόδειλος

de Oppasser in'n
Deertenpark

φύλακας ζωολογικού κήπου

de Saalhund

φώκια

de Jaguor

τζάγκουαρ

dat Pony

πόνυ

de Leopard

λεοπάρδαλη

dat Nilpeerd

ιπποπόταμος

de Giraff

καμηλοπάρδαλη

de Aadler

αετός

dat Wildswien

αγριογούρουνο

de Fisch

ψάρι

de Schildkrööt

χελώνα

dat Walross

θαλάσσιος ίππος

de Voss

αλεπού

de Gazell

γαζέλα

de Amerikaansch Football
Αμερικάνικο ποδόσφαιρο

dat Radfohren
ποδηλασία

dat Tennis
αντισφαίριση

de Korfball
μπάσκετ

dat Swümmen
κολύμβηση

dat Boxen
πυγχαμία

dat Ieshockey
χόκεϋ επί πάγου

de Football
ποδόσφαιρο

dat Fedderball
μπάντμιντον

de Leichtathletik
στίβος

de Handball
χάντμπολ

dat Skilopen
σκι

dat Polo
πόλο

de Aktivitäten
δραστηριότητες

lachen
γελάω
springen
πηδάω
ümarmen
αγκαλιάζω
gahn
περπατάω
singen
τραγουδάω
drömen
ονειρεύομαι
beden
προσεύχομαι
snuteln
φιλάω

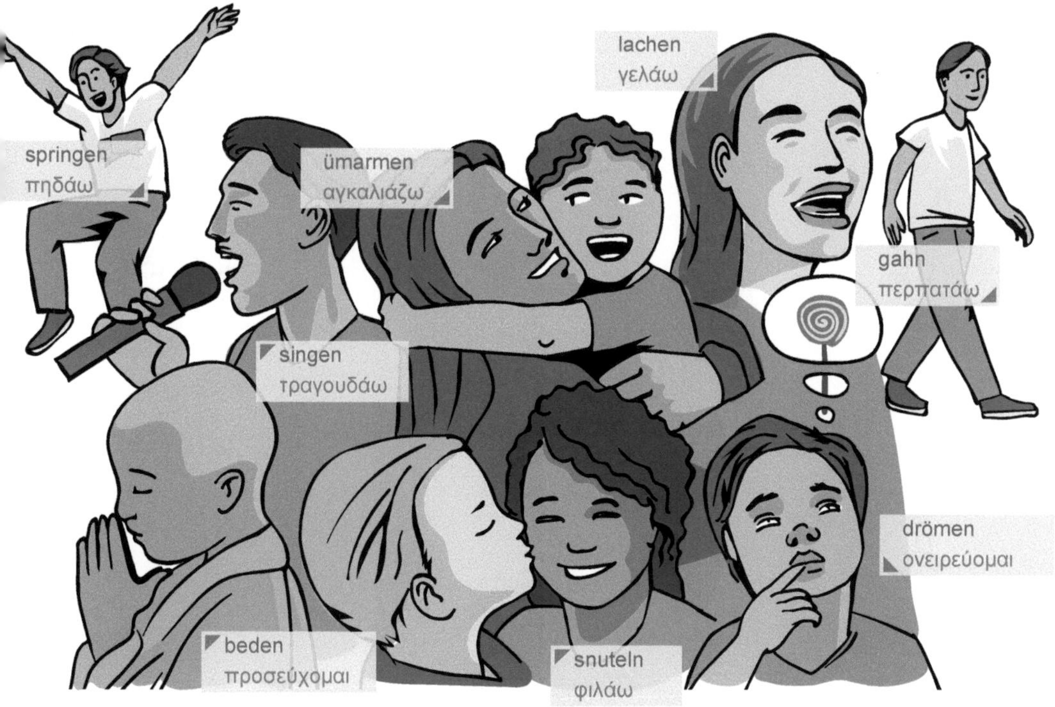

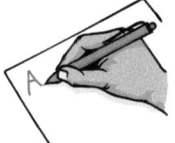

schrieven
γράφω

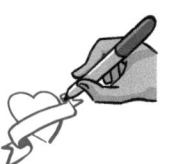

teken
σχεδιάζω

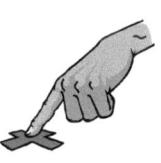

wiesen
δείχνω

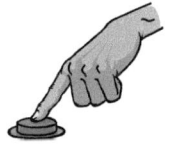

drücken
πιέζω

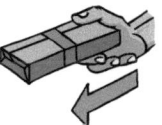

geven
δίνω

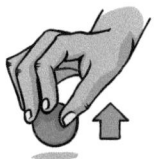

nehmen
παίρνω

hebben
έχω

doon
κάνω

sien
είμαι

stahn
στέκομαι

lopen
τρέχω

trecken
τραβάω

smieten
ρίχνω

fallen
πέφτω

liggen
ξαπλώνω

töven
περιμένω

dregen
κουβαλώ

sitten
κάθομαι

antrecken
φοράω

slapen
κοιμάμαι

opwaken
ξυπνάω

ankieken

κοιτάω

wenen

κλαίω

eien

χαϊδεύω

kämmen

χτενίζω

snacken

μιλάω

verstahn

καταλαβαίνω

fragen

ρωτάω

hören

ακούω

drinken

πίνω

eten

τρώω

oprümen

συγυρίζω

leefhebben

αγαπάω

kaken

μαγειρεύω

fohren

οδηγώ

flegen

πετάω

segeln

κάνω ιστιοπλοΐα

reken

υπολογίζω

lesen

διαβάζω

lehren

μαθαίνω

arbeiden

δουλεύω

de Plünnen tohoopsmieten

παντρεύομαι

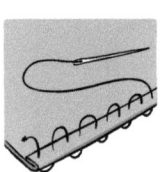

neihen

ράβω

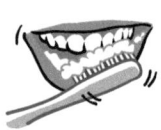

Tähnen putzen

βουρτσίζω τα δόντια

dootmaken

σκοτώνω

smöken

καπνίζω

schicken

στέλνω

de Familje

οικογένεια

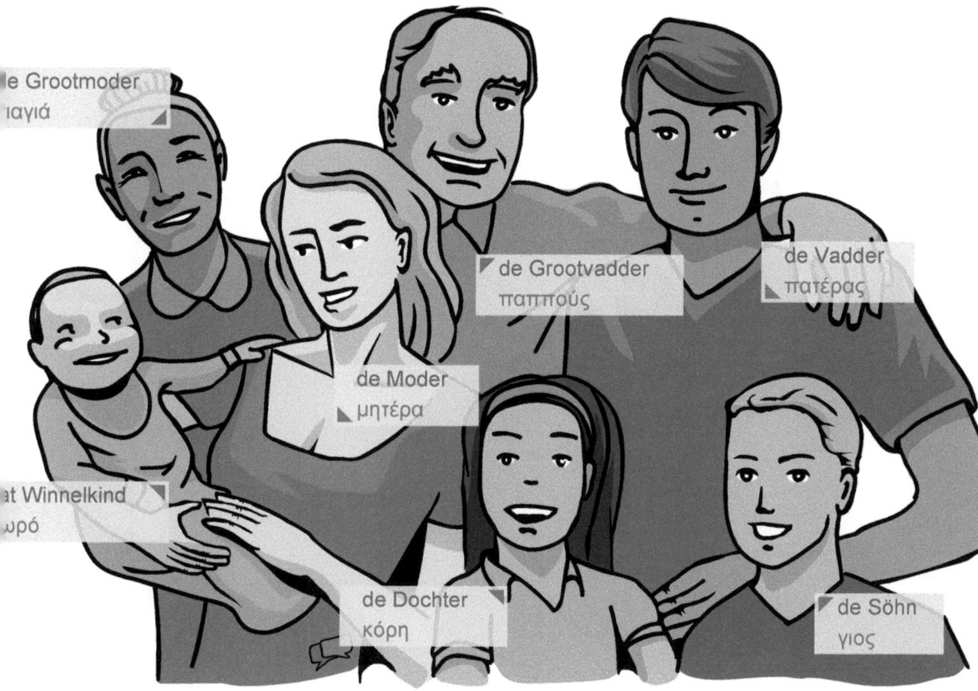

e Grootmoder
ιαγιά
de Grootvadder
παππούς
de Vadder
πατέρας
de Moder
μητέρα
t Winnelkind
ωρό
de Dochter
κόρη
de Söhn
γιος

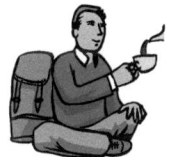

de Gast

καλεσμένος

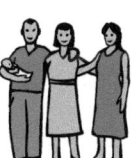

de Tant

θεία

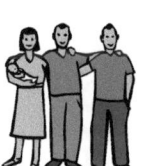

de Unkel

θείος

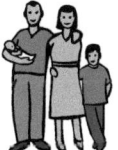

de Broder

αδελφός

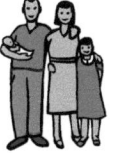

de Süster

αδελφή

de Lief
σώμα

de Vörkopp
μέτωπο
dat Oog
μάτι
de Schuller
ώμος
de Finger
δάχτυλο
dat Gesicht
πρόσωπο
dat Kinn
πιγούνι
de Hand
χέρι
dat Been
πόδι
de Bost
στήθος
de Arm
βραχίονας

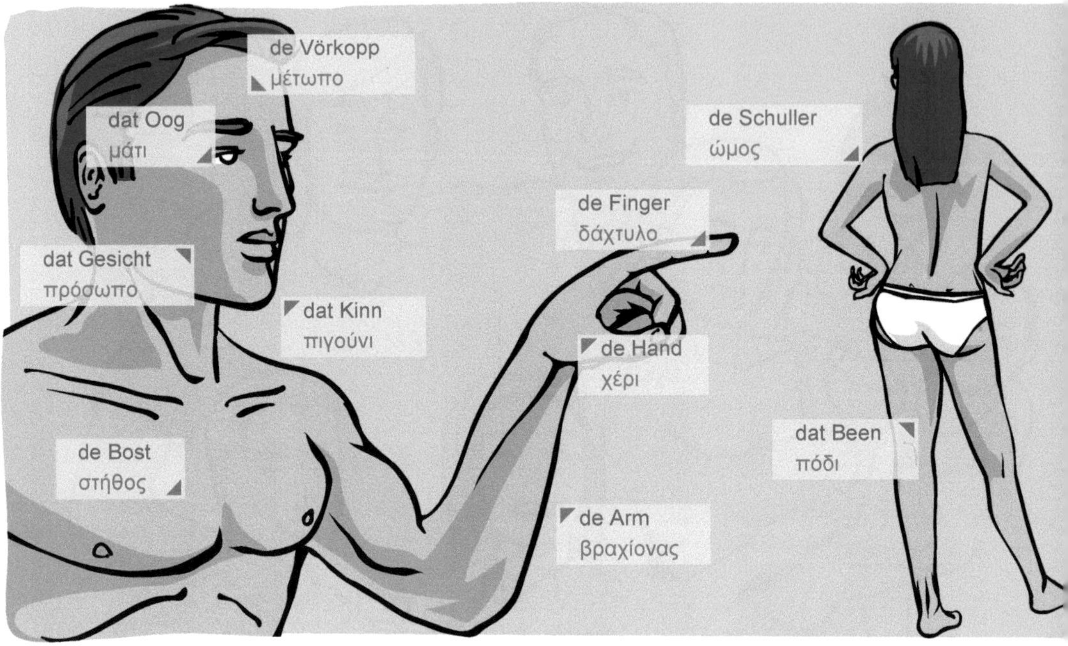

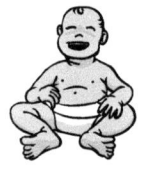

dat Winnelkind
μωρό

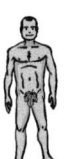

de Mann
άνδρας

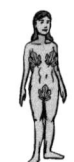

de Fro
γυναίκα

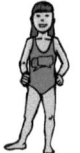

de Deern
κορίτσι

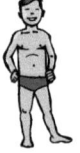

de Jung
αγόρι

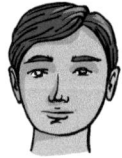

de Arm
κεφάλι

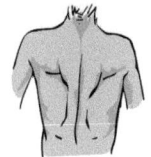

de Rüch

πλάτη

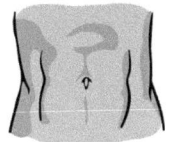

de Buuk

κοιλιά

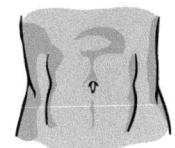

de Navel

αφαλός

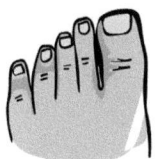

de Teh

δάχτυλο ποδιού

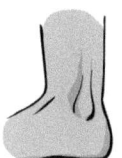

de Hack

φτέρνα

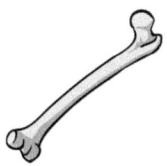

de Knaken

κόκκαλο

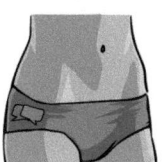

de Hüft

γοφός

dat Knee

γόνατο

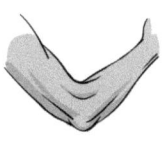

de Ellbagen

αγκώνας

de Nees

μύτη

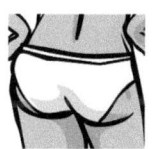

de Achtersen

γλουτός

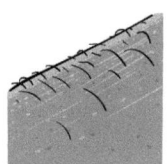

de Huut

δέρμα

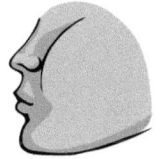

de Back

μάγουλο

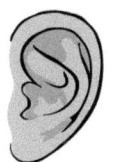

dat Ohr

αυτί

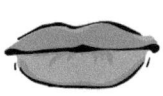

de Lipp

χείλος

de Lief - σώμα

de Mund

στόμα

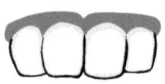

de Tähn

δόντι

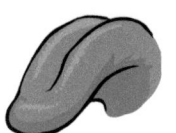

de Tung

γλώσσα

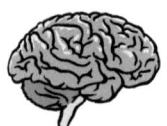

de Bregen

εγκέφαλος

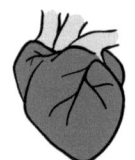

dat Hart

καρδιά

de Muskel

μυς

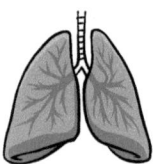

de Lung

πνεύμονας

de Lever

συκώτι

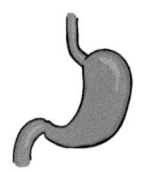

de Maag

στομάχι

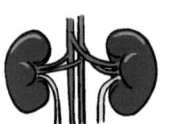

de Neren

νεφρά

de Bislaap

σεξουαλική επαφή

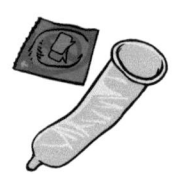

dat Kondoom

προφυλακτικό

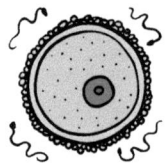

de Eizell

ωάριο

dat Sperma

σπέρμα

de Anner Ümstänn

εγκυμοσύνη

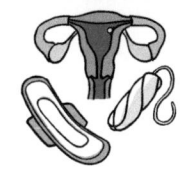

de Menstruatschoon
περίοδος

de Scheed
γυναικείος κόλπος

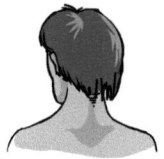

de Pint
πέος

de Ogenbroe
φρύδι

dat Hoor
μαλλιά

de Hals
λαιμός

dat Krankenhuus
νοσοκομείο

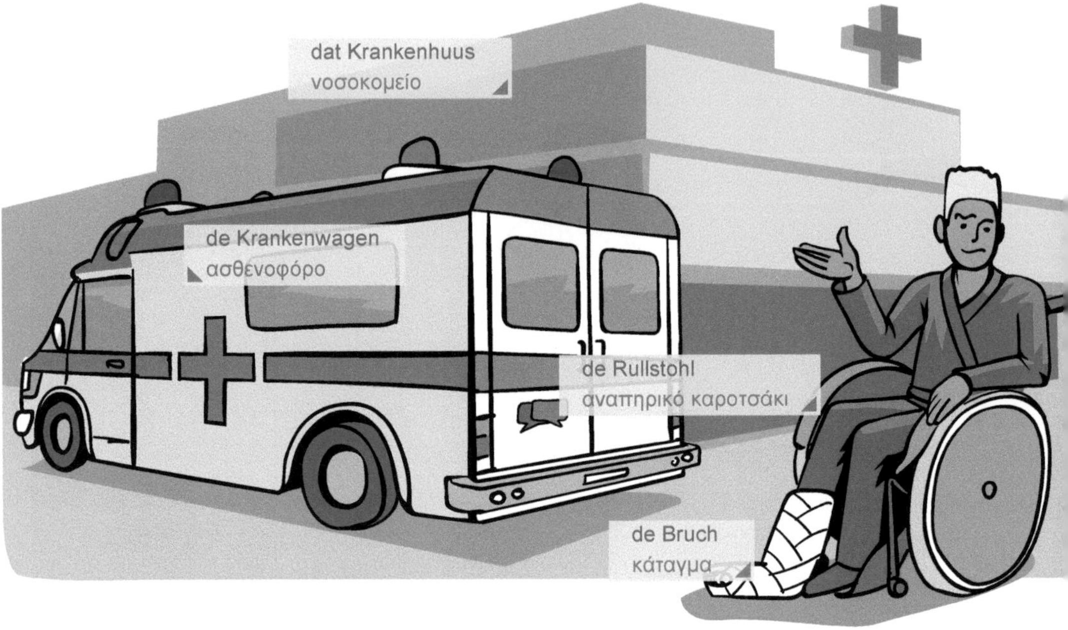

dat Krankenhuus
νοσοκομείο
de Krankenwagen
ασθενοφόρο
de Rullstohl
αναπηρικό καροτσάκι
de Bruch
κάταγμα

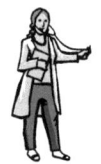

de Dokter

γιατρός

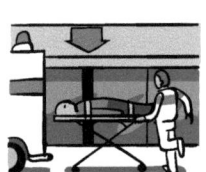

de Nootopnahm

μονάδα εντατικής θεραπείας

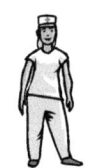

de Krankensüster

νοσοκόμα

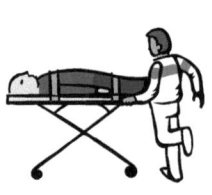

de Nootfall

έκτακτη ανάγκη

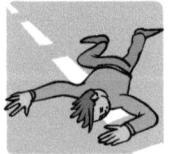

ahnmächtig

λιπόθυμος

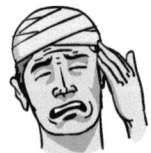

de Wehdaag

πόνος

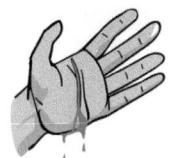

de Verwunnen

τραύμα

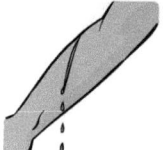

de Blöden

αιμορραγία

de Hartinfarkt

έμφραγμα

de Slaganfall

εγκεφαλικό

de Allergie

αλλεργία

de Hoosten

βήχας

dat Fever

πυρετός

de Gripp

γρίπη

de Dörchfall

διάρροια

de Koppwehdaag

πονοκέφαλος

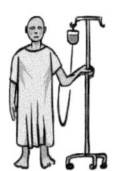

de Kreeft

καρκίνος

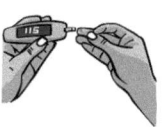

de Zuckersüük

διαβήτης

de Chirurg

χειρουργός

dat Chirurgsch Mess

νυστέρι

de Operatschoon

εγχείρηση

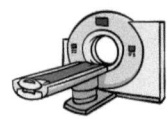

dat CT

αξονική τομογραφία

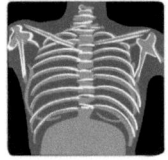

de Dörchlüchten

ακτινογραφία

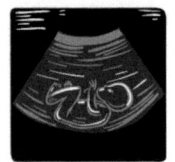

de Ultraschall

υπέρηχος

de Mask

μάσκα

de Krankheit

ασθένεια

de Töövruum

αίθουσα αναμονής

de Krück

πατερίτσα

dat Plaaster

χάνσαπλαστ

de Verband

επίδεσμος

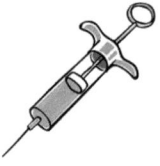

de Insprütten

ένεση

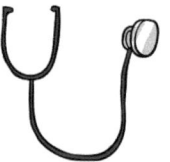

dat Stethoskop

στηθοσκόπιο

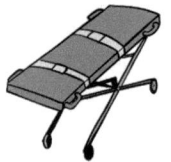

de Draag

φορείο

dat Feverthermometer

θερμόμετρο

de Geboort

γέννηση

dat Övergewicht

υπέρβαρο

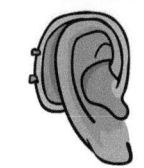

de Höörapparat

ακουστικό βαρηκοΐας

dat Kiemfriemiddel

αντισηπτικό

de Ansteken

λοίμωξη

de Virus

ιός

dat HIV / AIDS

HIV/AIDS

dat Heelmiddel

φάρμακο

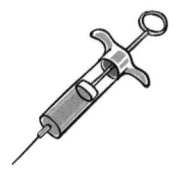

de Impen

εμβολιασμός

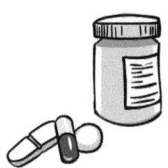

de Tabletten

δισκία

de Pill

χάπι

de Nootroop

κλήση έκτακτης ανάγκης

de Blootdruck-Meter

πιεσόμετρο αίματος

krank / gesund

άρρωστος / υγιής

Hölp!

Βοήθεια!

de Alarm

συναγερμός

de Överfall

βιαιοπραγία

de Angreep

επίθεση

de Gefohr

κίνδυνος

de Nootutgang

έξοδος κινδύνου

dat Füer!

Φωτιά!

de Füerlöscher

πυροσβεστήρας

de Unfall

ατύχημα

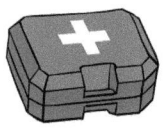

de Noothölpkoffer

κουτί πρώτων βοηθειών

SOS

SOS

de Polizei

αστυνομία

Europa

Ευρώπη

Noordamerika

Βόρεια Αμερική

Süüdamerika

Νότια Αμερική

Afrika

Αφρική

Asien

Ασία

Australien

Αυστραλία

de Atlantik

Ατλαντικός Ωκεανός

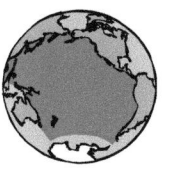

de Pazifik

Ειρηνικός Ωκεανός

dat Indisch Weltmeer

Ινδικός Ωκεανός

dat Antarktisch Weltmeer

Ανταρκτικός Ωκεανός

dat Arktisch Weltmeer

Αρκτικός Ωκεανός

de Noordpol

Βόρειος Πόλος

de Süüdpol

Νότιος Πόλος

de Antarktis

Ανταρκτική

de Eerd

Γη

dat Land

γη

de See

θάλασσα

dat Eiland

νησί

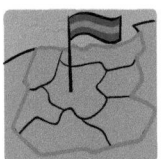

de Natschoon

έθνος

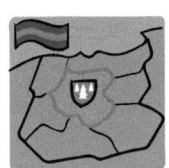

de Staat

πολιτεία

dat Tallenblatt

καντράν ρολογιού

de Stunnenwieser

ωροδείκτης

de Minutenwieser

λεπτοδείκτης

de Sekunnenwieser

δείκτης δευτερολέπτων

Wo laat is dat?

Τι ώρα είναι;

de Dag

ημέρα

de Tiet

χρόνος

nu

τώρα

de digetaalsch Klock

ψηφιακό ρολόι

de Minuut

λεπτό

de Stunn

ώρα

de Week

εβδομάδα

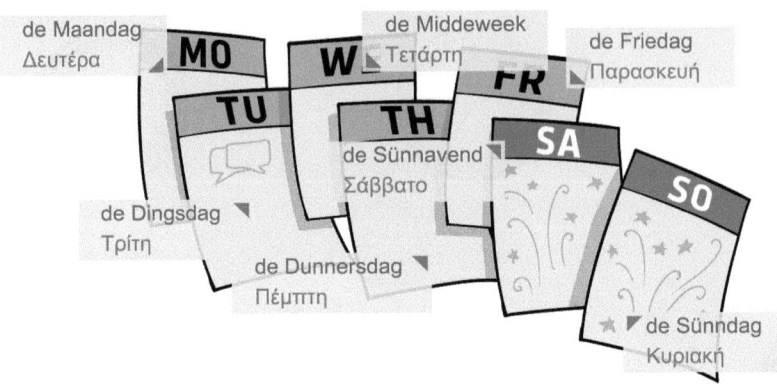

de Maandag
Δευτέρα

de Middeweek
Τετάρτη

de Friedag
Παρασκευή

de Sünnavend
Σάββατο

de Dingsdag
Τρίτη

de Dunnersdag
Πέμπτη

de Sünndag
Κυριακή

güstern

χθες

hüüt

σήμερα

morgen

αύριο

de Morgen

πρωί

de Meddag

μεσημέρι

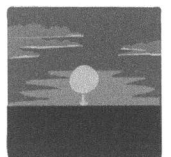

de Avend

βράδυ

de Arbeitsdaag

εργάσιμες ημέρες

dat Wekenenn

Σαββατοκύριακο

dat Johr

έτος

de Regen
βροχή
de Regenbagen
ουράνιο τόξο
de Wind
άνεμος
de Snee
χιόνι
dat Fröhjohr
άνοιξη
de Sommer
καλοκαίρι
de Harvst
φθινόπωρο
de Winter
χειμώνας

4.APRIL 11°
5.APRIL 4°
6.APRIL 13°
7.APRIL 8°
8.APRIL 10°

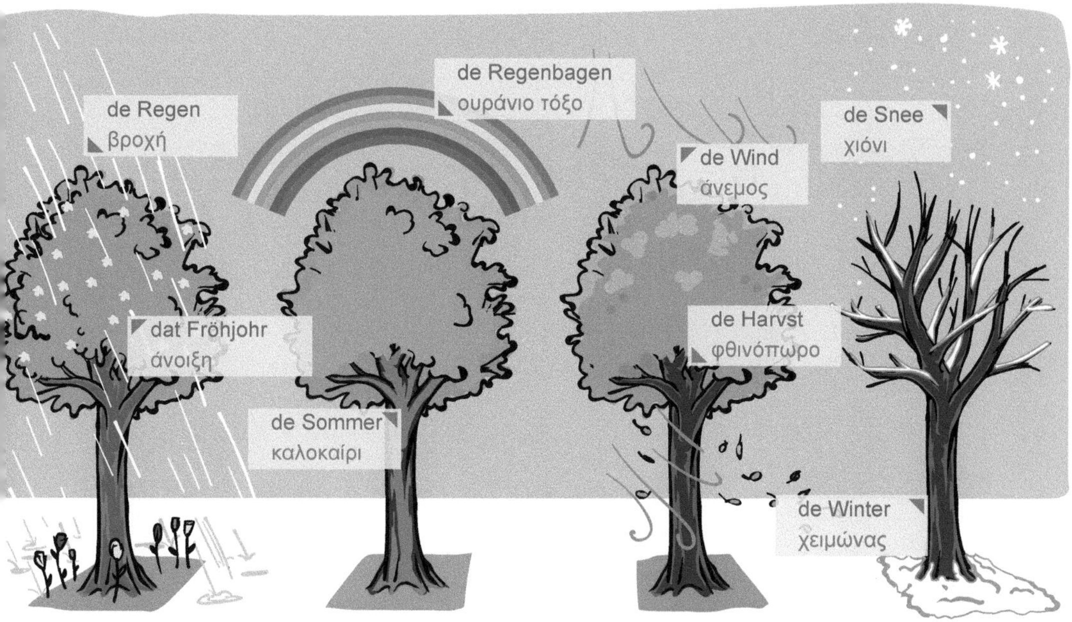

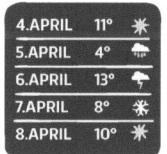

de Wedervörhersaag

πρόγνωση καιρού

F C
120 40
90 30
60 20
30 10
0 0
-30 -10
-20

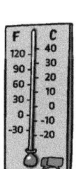

dat Thermometer

θερμόμετρο

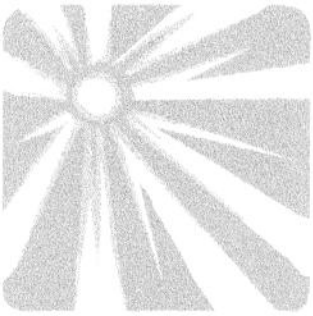

de Sünnenschien

λιακάδα

de Wulk

σύννεφο

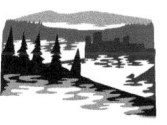

de Nevel

ομίχλη

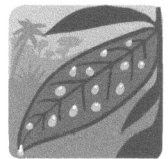

de Luftfuchtigkeit

υγρασία

de Blitz

αστραπή

de Dunner

κεραυνός

de Storm

καταιγίδα

de Hagel

χαλάζι

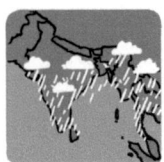

de Monsun

μουσώνας

de Floot

πλημμύρα

dat Ies

πάγος

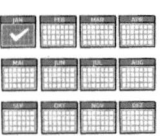

de Januormaand

Ιανουάριος

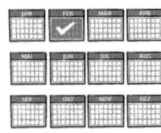

de Februormaand

Φεβρουάριος

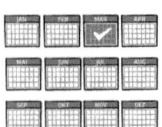

de Martmaand

Μάρτιος

de Aprilmaand

Απρίλιος

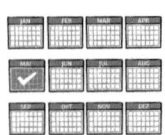

de Maimaand

Μάιος

de Junimaand

Ιούνιος

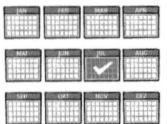

de Julimaand

Ιούλιος

de Augustmaand

Αύγουστος

dat Johr - έτος

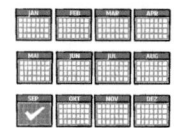

de Septembermaand

Σεπτέμβριος

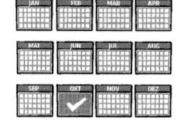

de Oktobermaand

Οκτώβριος

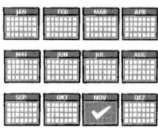

de Novembermaand

Νοέμβριος

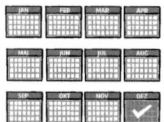

de Dezembermaand

Δεκέμβριος

de Formen
σχήματα

de Krink

κύκλος

dat Quadrat

τετράγωνο

dat Rechteck

ορθογώνιο
παραλληλόγραμμο

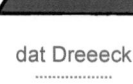

dat Dreeeck

τρίγωνο

de Kugel

σφαίρα

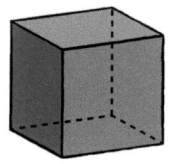

de Wörpel

κύβος

witt

άσπρο

geel

κίτρινο

orangsch

πορτοκαλί

pink

ροζ

root

κόκκινο

lila

μωβ

blau

μπλε

gröön

πράσινο

bruun

καφέ

gries

γκρι

swart

μαύρο

veel / wenig

πολύ / λίγο

böös / verdreeglich

θυμωμένος / ήρεμος

smuck / mies

όμορφος / άσχημος

de Begünn / dat Enn

αρχή / τέλος

groot / lütt

μεγάλος / μικρός

hell / düüster

φωτεινός / σκοτεινός

de Broder / de Süster

αδελφός / αδελφή

schier / schietig

καθαρός / λερωμένος

kumpleet / nich kumpleet

πλήρης / ατελής

de Dag / de Nacht

ημέρα / νύχτα

doot / lebennig

νεκρός / ζωντανός

breet / small

φαρδύς / στενός

geneetbor / nich geneetbor

βρώσιμος / μη βρώσιμος

böös / fründlich

κακός / ευγενικός

fickerig / langwielt

ενθουσιασμένος /
βαριεστημένος

dick / dünn

παχύς / λεπτός

toeerst / toletzt

πρώτος / τελευταίος

de Fründ / de Fiend

φίλος / εχθρός

vull / leddig

γεμάτος / άδειος

hart / week

σκληρός / μαλακός

swoor / licht

βαρύς / ελαφρύς

de Smacht / de Döst

πείνα / δίψα

krank / gesund

άρρωστος / υγιής

nich na't Recht / na't Recht

παράνομος / νόμιμος

klook / dummerhaftig

έξυπνος / χαζός

linkerhand / rechterhand

αριστερός / δεξιός

neeg / feern

κοντινός / μακρινός

nieg / bruukt

καινούριος / μεταχειρισμένος

nix / wat

τίποτα / κάτι

oolt / jung

γέρος | νέος

an / ut

αναμμένος / σβηστός

apen / slaten

ανοιχτός / κλειστός

lies / luut

χαμηλόφωνος / μεγαλόφωνος

riek / arm

πλούσιος / φτωχός

richtig / verkehrt

σωστός / λανθασμένος

ruug / glatt

τραχύς / λείος

trurig / glücklich

λυπημένος / χαρούμενος

kort / lang

κοντός / μακρύς

suutje / flink

αργός / γρήγορος

natt / dröög

υγρός / στεγνός

warm / köhl

ζεστός / δροσερός

de Krieg / de Freden

πόλεμος / ειρήνη

0

null

μηδέν

1

een

ένα

2

twee

δύο

3

dree

τρία

4

veer

τέσσερα

5

fief

πέντε

6

söss

έξι

7

söven

εφτά

8

acht

οκτώ

9

negen

εννιά

10

teihn

δέκα

11

ölven

έντεκα

12
twölf
δώδεκα

13
dörteihn
δεκατρία

14
veerteihn
δεκατέσσερα

15
föffteihn
δεκαπέντε

16
sössteihn
δεκαέξι

17
söventeihn
δεκαεφτά

18
achtteihn
δεκαοκτώ

19
negenteihn
δεκαεννέα

20
twintig
είκοσι

100
hunnert
εκατό

1.000
dusend
χίλια

1.000.000
million
εκατομμύριο

dat Engelsch

Αγγλικά

dat Amerikaansch Engelsch

Αμερικάνικα Αγγλικά

dat Chineesch Mandarin

Μανδαρίνικα Κινέζικα

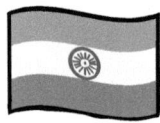

dat Hindi

Χίντι

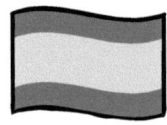

dat Spaansch

Ισπανικά

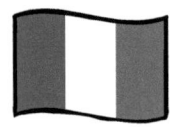

dat Franzöösch

Γαλλικά

dat Araabsch

Αραβικά

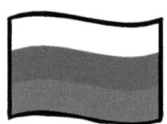

dat Rusch

Ρώσικα

dat Portugiesch

Πορτογαλικά

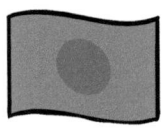

dat Bengaalsch

Μπενγκάλι

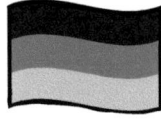

dat Düütsch

Γερμανικά

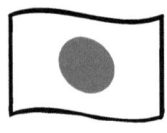

dat Japaansch

Ιαπωνικά

ik

εγώ

du

εσύ

he / se / dat

αυτός / αυτή / αυτό

wi

εμείς

ji

εσείς

se

αυτοί / αυτές / αυτά

keen?

ποιος / ποια / ποιο;

wat?

τι;

woans?

πώς;

woneem?

πού;

wannehr?

πότε;

de Naam

όνομα

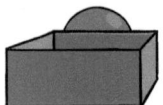

achter

πίσω

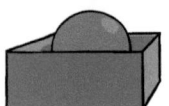

in

μέσα

vör

μπροστά

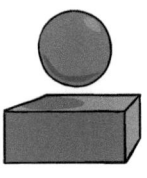

över

πάνω από

op

πάνω

ünner

κάτω

blangen

δίπλα

twüschen

ανάμεσα

de Oort

μέρος